쉽게 배우는
파크골프 이론과 실기

정철호

그 사람의 됨됨이는 18홀이면 충분히 알 수 있다.

-스코틀랜드 속담-

책을 내면서...

　우리는 특별한 경우를 제외하고 누구나 어렸을 때부터 운동(스포츠)을 하면서 살아가게 됩니다. 그리고 대부분 그 운동을 함으로써 심신을 단련하는 효과는 물론이고 재미(흥미)와 쾌감이 수반되며, 그 재미를 통하여 스포츠를 계속하게 되지요. 하지만 모든 스포츠가 반드시 재미만 있는 것이 아니라 일종의 스트레스도 수반되는 것이 보통입니다. 왜냐면 대부분의 스포츠는 혼자서 하기보다는 동반자가 있기 마련이고 그 동반자와 함께 "경기"를 하게 되고 대개는 경기에서 "이겨야" 하는 것이 기본이기 때문입니다.

　우리는 흔히 승부에 연연하지 말고 즐기면서 스포츠를 한다고들 하지만 내심 이기고 싶은 것은 당연하다고 하겠습니다. 문제는 그 "이기기"에 너무 집착하다 보면 반칙을 하게 되고 정해진 rule을 어기거나 에티켓을 위반하면서 동반자와 사이가 멀어지기도 하고 자기자신의 마음도 해치기 쉽다는 것입니다. 따라서 우리는 어떤 스포츠를 하더라도 정해진 규칙과 기본적인 에티켓을 지키면서 정정당당하게 최선을 다하되, 대충대충 할 것이 아니라 되도록 경기에서 좋은 성적을 낼 수 있도록 연습과 노력을 해야 한다고 생각합니다. 동반자에게 베풀 수 있는 넓은 아량은 경기에서 이기는 사람의 몫 아닐까요...

필자는 거의 모든 스포츠를 좋아하고 또 대부분 잘 하는 편입니다. 나이들어서도 즐기는 스포츠 가운데 하나가 골프인데 골프는 비용, 시간, 건강, 동반자, 예약 등등 만만치 않은 제약들이 많은 스포츠입니다. 더구나 누구나 나이가 들기 마련이고, 언젠가는 골프를 그만두어야 하는 날이 올 것은 분명한 사실입니다. 그러던 중 우연한 기회에 지인으로부터 파크골프에 대해 알게 되어 스포츠지도사 자격을 취득하게 되었습니다. 파크골프는 골프에 비하여 다양한 코스와 거리별로 다른 클럽을 이용한 여러 가지 기술을 요하지는 않는 반면, 그에 따른 성취감이나 자기만족 등에서 차이는 있지만 골프의 제약조건을 해소하고 비슷한 만족감을 찾을 수 있다는 측면에서 매우 좋은 스포츠임에 틀림이 없다고 생각합니다.

파크골프는 공원(Park)과 골프(Golf)를 합성한 말로써 일반골프와 거의 비슷한 경기 방식을 적용하고 있으며, 가까운 공원이나 하천 부지 등을 이용하여 즐길 수 있는 운동으로써 어린이부터 노인에 이르기까지 모든 세대와 가족, 친지, 친구, 연인, 장애인 등 남녀노소 누구나 적은 비용으로 쉽게 배울 수 있고 함께 즐길 수 있는 국민 커뮤니케이션 스포츠라고 할 수 있습니다. 파크골프는 1983년 일본 홋카이도 지방에서 처음으로 시작이 되었는데, 우리나라에는 2004년에 도입되어 전국에 보급되기 시작하였고 최근에는 유명 골프 방송에서도 파크골프 대회를 생중계 하는 등 그 수요가 폭증하고 있는 추세입니다.

지난 2024년 6월 정부에서는 파크골프장을 공식 체육시설로 인정한데 이어 2025년 1월 그린벨트 내에 파크골프장 설치를 허용하는 법률을 개정하였는데 이는 파크골프 동호인에게는 매우 반가운 소식이라 하겠습니다.

더구나 얼마 지나지 않아 현재 일반 골프를 즐기고 있는 60대 이상의 골퍼들이 나이가 들고 경제적인 사유 등으로 인하여 더 이상 골프를 즐기기 어려울 경우에도 골프를 통하여 느낄 수 있는 대부분의 즐거움과 만족도를 충족시킬 수 있다는 점에서 더욱더 수요가 증가될 것으로 예상되고 있습니다. 그리고 파크골프의 단점이라고 할 수 있는 단순함 등을 보완하여 난이도와 성취감을 더 느낄 수 있는 경기요소를 가미한 다양한 구장의 조성과 코스 설계가 계속 생기고 있으며, 경기규칙의 보완 등을 통해서 국민 모두가 함께 즐겁게 운동하고 건강한 생활을 하는 데 더욱 큰 기여가 될 것으로 확신합니다.

모든 스포츠가 나름의 쾌감과 즐거움이 있지만 특히 골프는 한번 하게 되면 평생 그만두지 못할 정도로 중독성이 강한 스포츠이고 전쟁터와 같은 필드에서 경기를 함으로써 이기고 싶은, 그럼으로써 최고의 기쁨을 찾는 이중적인 상황에 놓이는 모습을 안고 있는 것도 사실입니다. 파크골프 또한 경기를 하는 것이 대부분이기 때문에 이기는 것이 중요한 요소임에는 틀림이 없을 것입니다. 하지만 이 경기라는 것은 극단적으로 말해 '이겨야' 좋은 행위이지만 스포츠이기 때문에 우리는 규칙이 존재하고 그 틀 안에서 서로를 존중해야 하는 것입니다. 결과도 중요하지만 과정을 통해 동반자와 서로 교감을 나누고 스포츠를 '즐기는' 것이 본질적인 목적이 아닐까 생각합니다.

이에 2023년에 파크골프에 대한 규칙이나 그동안 국내에서 소개되고 있는 여러 가지 자료 등을 토대로 하여 국민 누구나 쉽게 배울 수 있도록 본 교재를 집필하게 되었으며, 파크골프를 사랑하는 독자 여러분의 성원 덕택으로 이번에 제 2판을 개정하여 출간하게 되었습니다. 새로 개정된 규칙 등을 반영하여 출간된 제2판 교재를 통하여 파크골프에 대한 이해와 규칙에 대하여 학습할 수 있도록 하였으며, 특히 만화 위주의 설명을 참조함으로써 실제 파크골프 기술을 이해하고 배우기 쉽도록 노력하였습니다. 모든 스포츠가 그러하듯이 좋은 경기력 못지않게 중요한 것이 자세(폼)라고 생각합니다. 본 교재를 통하여 경기력 향상은 물론 멋진 자세를 습득함으로써 동반자로부터 인정받는 파크골퍼로 거듭나기를 바라며, 바쁜 가운데서도 본 개정판 교재를 만들기 위해 변함없이 수고하여 준 아들 정재윤에게 무한한 고마움을 전하고, 파크골프와 인연을 맺게 해 주시고 송곳같은 세심한 감수를 맡아주신 소효영 회장님에게도 심심한 감사의 뜻을 전합니다.

2025년 10월

사회복지법인 꿈과희망 이사장
공학박사 정철호

본 교재는 …

    2023년 2월 급증하는 파크골프 인구에 비해 보다 더 쉽게 배울수 있는 지침서가 부족하다는 판단을 바탕으로 파크골프를 처음 접하는 초보자는 물론이고 현재 골프를 즐기면서 노후를 맞이하여 새로이 파크골프를 접하게 된 골퍼들에게도 도움이 될 수 있도록 하기 위해 출간한 "쉽게 배우는 파크골프 이론과 실기"가 독자 여러분의 성원에 힘입어 개정된 제2판을 출간하게 되었습니다.

    본 제2판 교재의 내용과 집필 방향은 초판과 마찬가지로 국민 누구나 쉽게 배울 수 있도록 만화 위주의 설명을 통하여 파크골프에 대한 이론뿐만 아니라 기술을 쉽게 습득할 수 있도록 구성하였습니다. 파크골프 초보자에게는 기초적인 이론과 경기력 습득을 위한 길라잡이가 되고, 일반 골퍼와 경력자에게는 파크골프 나름에 대한 새로운 지식과 기술력 향상 방안을 안내함으로써 파크골프에 대한 새로운 묘미를 느끼게 될 것입니다. 그리고 2024년 2월 5일에 일부 개정된 파크골프 규정의 내용을 포함하여 제작을 하였으니 많은 도움이 되기를 바랍니다.

    제 1부는 파크골프에 대한 이론과 장비, 파크골프장에 대한 구성과 시설 및 설치물 등에 대하여 이해하기 쉽도록 구성하였습니다.

제 2부에서는 파크골프의 자세와 스윙의 원리 등에 대하여 필자가 직접 모델이 된 사진을 이용하여 상세하게 기술하였습니다. 특히 필자가 골프와 파크골프를 하면서 겪고 습득하였던 나름의 팁을 제공함으로써 독자 여러분들이 파크골프를 시작하거나 이미 즐기고 있는 분들에게 자세에서부터 기술과 관련된 고민 해결에도 약간의 도움이 되기를 기대하여 봅니다.

제 3부에서는 파크골프 플레이와 관련된 에티켓과 매너, 그리고 규칙과 용어 및 패널티 등에 대한 내용을 기술하였는데, 여기에서는 파크골프 플레이 과정에서 일어나는 각종 상황별 규칙에 대하여 만화 위주로 표현함으로써 가급적이면 쉽고 재미있게 이해할 수 있도록 구성하였습니다.

그리고 부록에서는 파크골프의 이론과 규칙에 관한 문제 100문항과 전국의 파크골프장 현황을 상세히 수록하였으며, 스포츠지도사 자격증을 대비하시는 독자를 위해 국가기관의 공고문을 첨부하였으니 작은 도움이 되기를 바랍니다.

2025년 10월

추천사 ...

안녕하십니까?

최근 국민스포츠로 큰 인기를 얻고 있는 파크골프는 소수의 사람들만이 즐기는 일반골프에 비해 쉽게 배울 수 있고, 고가의 비용이나 기술 습득의 어려움 등 여러 가지 제약 조건에서 벗어나 남녀노소 누구나 쉽게 즐길 있는 스포츠라고 할 것입니다. 하지만 파크골프는 다른 스포츠에 비해 그 역사가 짧아 체계적인 지침서가 부족하고 유튜브나 인터넷 등을 통하여 정보를 얻고는 있지만 대부분 자기만의 기술력이나 노하우 등에 대한 내용이 많고, 현재 파크골프를 즐기고 있는 분들이 연령대가 높은 이유 등으로 쉽게 학습하기 어려운 것이 현실입니다.

이러한 가운데 이번에 제1판에 이어 새로 개정되어 출간되는 파크골프 지침서인 "쉽게 배우는 파크골프 이론과 실기" 제2판은 파크골프를 사랑하는 많은 분들에게 매우 기쁜 일이라고 생각합니다. 특히 만화를 이용한 설명을 통하여 독자들에게 친밀감과 함께 쉽게 습득할 수 있도록 한 점은 아주 좋은 발상으로 생각됩니다.

본 지침서를 통하여 파크골프에 대한 경기력 향상은 물론이고, 정해진 규칙을 지키고 에티켓과 훌륭한 매너를 갖추어 동반자로부터 늘 함께하고 싶은 파크골퍼로 거듭나기를 진심으로 기원합니다.

다시한번 좋은 파크골프의 지침서 제2판 출간을 축하드리고, 파크골프 애호가 여러분의 가정에 건강과 행복이 가득하기를 기원드립니다.

감사합니다.

2025년 10월

창원시 체육회장
경제학박사

박성호

추천사 ...

반갑습니다.

일반 골프에 비하여 장비가 간단하고 비용도 저렴하며 요구되는 체력이나 기술을 습득하기 위해 소요되는 시간도 훨씬 적게 소요되는 등 많은 장점으로 인하여 남녀노소 누구나 즐길 수 있는 스포츠로 각광받고 있는 파크골프는 지금은 국민스포츠로서의 자리매김을 공고히 하고 있는 추세입니다.

이러한 추세에 발맞추어 전국에 많은 파크골프장이 생겨나고 있으며, 다양한 매체를 통하여 파크골프에 대한 자신들만의 노하우를 알리고자 하는 정보가 쏟아지고 있지만 이론부터 실기까지 좀 더 쉽게 배울 수 있는 체계적인 지침서가 필요하다고 느끼고 있었습니다. 이러한 가운데 이론은 물론이고 만화를 중심으로 하여 누구나 쉽게 기술을 배울 수 있도록 한 파크골프 지침서의 출간은 파크골프를 사랑하는 한 사람으로서 매우 반가운 일이라고 생각하며, 이번에 2판을 출간하게 된 데 대해 진심으로 축하의 뜻을 전합니다.

모든 스포츠는 경기력을 바탕으로 한 결과도 중요하지만 동반자에 대한 에티켓과 훌륭한 매너가 더욱 중요하다고 생각합니다. 정성과 마음이 가득 담긴 책 '쉽게 배우는 파크골프 이론과 실기'는 파크골프에 입문하는 사람은 물론이고 일반 골프를 즐기면서 파크골프를 즐기는 경력자에게도 충분한 길라잡이가 될 것으로 믿어 의심치 않습니다.

파크골프 애호가 여러분의 건승을 기원합니다. 감사합니다.

2025년 10월

대한파크골프지도사협회 회장
가평군 행정동우회 운영위원장
가평군 장애인자립지원센터 운영위원장
(前) 가평군 체육회 사무국장

김인권

프롤로그	006
발 간 사	010
추 천 사	012

제 I 부 파크골프에 대하여

제 1 장 파크골프란 무엇인가?

파크골프의 기원과 역사	021
파크골프 경기방식	023
파크골프 스코어에 대하여	027
스코어카드 작성하기	029

제 2 장 파크골프 기본 용구

클럽의 모양과 구조	033
클럽의 종류와 관리 요령	035
볼의 종류와 특징	036
티와 볼마크	037
기타 용품 및 소품	038

제 3 장 파크골프장에 대하여

파크골프장의 구성	041
파크골프장의 시설물	044
파크골프장의 설치물	049

제 II 부 파크골프 실기

제 4 장 파크골프 기본 자세

체중 이동과 몸의 균형	061
그립과 스탠스에 대하여	063
파크골프 스윙에 대하여	068

교육용PPT QR코드

제 5 장 파크골프의 샷에 대하여

티 샷	081
페어웨이(어프로치) 샷	084
러프 샷	085
벙커 샷	086
퍼팅 샷	087

제 Ⅲ 부 파크골프 플레이

제 6 장 파크골프 에티켓과 매너

파크골프 에티켓과 매너에 대하여	097
파크골프의 안전수칙에 대하여	100

제 7 장 파크골프 경기 규칙

파크골프 규칙이 왜 필요한가?	103
티 샷 규칙	105
제 2타 이후 샷의 규칙	108
볼과 관련된 규칙	119
그린에서의 규칙	124

제 8 장 파크골프 용어 및 패널티 조견표

파크골프의 용어	129
파크골프의 패널티 조견표	135

[부 록]

파크골프 시험문제	142
2025년도 체육지도자 자격검정 안내	163
전국 파크골프장 현황	180
대한파크골프협회 경기규칙 개정 내용	194

파크골프에 대하여

1장

파크골프란 무엇인가?

파크골프의 기원과 역사

골프의 역사는 기원부터 발전하기까지 그 설이 분분하지만 파크골프의 역사는 길지 않습니다. 파크골프는 1983년 일본 홋카이도에서 "공원에서 즐기는 골프" 즉 'Park + Golf = ParkGolf'"라는 어원에서 만들어졌으며, 일반 골프에서 요구되는 넓은 골프장을 비롯하여 많은 장비와 고가의 비용, 적합한 신체 능력과 다양하고 난이도 있는 실력 등의 제약 조건에서 벗어나 집 주변의 공원이나 하천 부지 등에서도 편하게 즐길 수 있도록 골프와 유사한 규칙과 경기 방식을 적용하여 만든 스포츠라고 할 수 있습니다. 당시 파크골프는 처음부터 일본 국민들의 주목을 받았고, 지금도 생활 스포츠 강국인 일본에서는 상당히 인기 있는 종목 중 하나로 꼽히고 있고 현재 미국, 호주, 중국, 등 10여 개국 정도에 보급이 되어 있는데 파크골프 인구 대부분이 일본에 집중되어있다고 볼 수 있겠습니다.

우리나라에서는 2000년 진주 상락원에서 노인과 장애인을 위해 파크골프장을 조성한 것이 파크골프의 시초라 할 수 있으며, 이후 2004년 여의도에서 파크골프장이 문을 열면서 본격적으로 파크골프가 시작되었다고 볼 수 있습니다. 처음 우리나라에 파크골프가 도입될 당시 "일반 골프도 아니고 게이트볼과도 다른 파크골프"라고 소개되면서 "골프공보다 훨씬 큰 공 1개와 각도가 없는 해머 모양의 골프채 하나로 치는 스포츠"로 알려지면서 일반 골프처럼 체력이나 기술력이 많이 필요하지 않으면서도 게이트볼보다 재미있다고 하는 평가를 받으며 시니어층 위주로 인기를 끌면서 확산이 되기 시작하였습니다.

최근 몇 년 동안 파크골프의 인구가 급증하면서 파크골프장 수도 꾸준히 증가하고 있는데, 2020년에 약 400여개였던 파크골프장이 2024년 현재에는 공식적으로 알려지지 않은 파크골프장을 포함하여 약 1,500여개의 파크골프장이 있다고 합니다. 초기에 시니어 계층에서 시작한 파크골프가 최근에는 젊은 세대의 남여가 많이 참여하여 파크골프 인구가 기하급수적으로 늘어나고 있는데 이에 비해 턱없이 부족한 파크골프장으로 인하여 사회문제로까지 대두되고 있는 상황입니다.

파크골프는 일반 골프나 다른 스포츠와 비교하면 상업적인 스포츠로서의 발전 가능성은 낮지만 신체적인 부담이 적고, 적은 비용으로 쉽게 배울 수 있으며 남녀노소 모두 함께 즐기는 가족 스포츠라는 장점으로 인하여 국민 생활스포츠로서의 발전 가능성은 훨씬 더 강하다고 볼 수 있으며, 실제로 그러한 방향으로 발전하고 있다고 하겠습니다.

파크골프 경기 방식

파크골프장은 9홀 단위로 구성이 되는데 규모에 따라 9홀, 18홀, 27홀, 36홀 등으로 조성이 되어 있습니다. 기본적인 경기는 18홀(9홀 2개 코스)로 하고 있으며 한 경기 당 약 1시간 30분 정도가 소요됩니다. 파크골프도 일반 골프와 같이 보통 4명이 한 개의 조로 나누어 경기를 하고 상황에 따라 3명이 할 수도 있습니다. 경기 방식도 동반자의 상황과 경기의 흥미를 위해 다양한 방식을 적용하고 있으며, 각각의 방식에 따라 승패를 결정짓는 방법도 다양하게 하고 있습니다. 일반적인 경기 방식은 각 홀마다 설치되어 있는 티잉 그라운드(Teeing Ground)에서 티샷을 하고 페어웨이에서 2번째, 3번째 샷을 하여 그린(Green)에 있는 깃대의 홀컵에 볼을 컵인하면 해당 홀의 경기가 끝나게 됩니다. 뒤에서 자세히 다루겠지만 실수로 볼을 치거나 헛스윙을 한 경우에도 볼이 움직였다면 타수로 간주하여 1타를 가산하기 때문에 스윙을 할 때마다 신경을 써야만 합니다. 그리고 일반 골프에서와 마찬가지로 실력에 차이가 날 경우 핸디캡을 적용할 수 있는데 일반 골프와 달리 파크골프에서는 핸디캡 적용을 잘 하지 않고 있습니다.

파크골프 경기 방식은 크게 스트로크 플레이(Stroke play) 방식과 매치 플레이(Match play) 방식으로 나눌 수 있으며, 스트로크 플레이는 가장 널리 운용하는 방식으로써 경기의 전체 스코어를 합산하여 합계 스코어가 적은 순으로 순위를 결정하는 방식이며, 매치 플레이는 홀별로 팀(선수)의 스코어를 비교하여 이긴 홀의 수가 많은 팀(선수)이 승자가 되는 방식입니다. 그리고 주로 대회 등 단체 경기에서는 참가 선수 전체를 지정된 홀에 배치한 후 신호(호각이나 총성 등)에 따라 동시에 시작하는 샷건 방식(Shot gun)과 1번 홀에서 조별로 순차적으로 진입하여 경기를 시작하는 순차 진입(밀어내기) 방식이 있습니다.

Tip : 핸디캡이란?

　일반 골프는 보통 18홀을 기준으로 기본 타수의 합이 72타이며, 파크골프는 66타로 합니다. 여기서 동반자의 수준에 따라 스코어가 차이가 날 수 있는데, 비슷한 수준으로 맞추어 주는 개념으로 핸디캡(handicap) 이라는 것이 있습니다. 다시 말해서 파크골프의 경우 어떤 사람이 경기를 할 때 평균 타수가 60타라고 할 경우 핸디캡은 -6이며, 70타를 치는 경우는 +4가 되는 것입니다. 하지만 골프에서는 구력이나 실력에 따라 스코어 차이가 많이 나기 때문에 이 핸디캡이라는 제도가 경기를 하는데 중요한 변수가 되기도 하지만 파크골프의 경우는 어느 정도 구력이 지나면 실력이 큰 차이가 없기 때문에 핸디캡을 기준으로 경기를 하는 것은 의미가 없다고 하겠습니다.

동일 스코어 시 순위 결정 방법

　경기 결과 합계 스코어가 동일할 경우 순위 결정 방법에는 서든데스 경기 방식과 백카운트 경기 방식이 있으며, 반드시 대회 요강에 표기를 해야 합니다.

[대회 요강 예시]
■ 동타일 경우 순위 결정 방법
　□ 1위 결정전은 서든데스 방식으로 결정한다.
　□ 2위 부터는 아래와 같이 백 카운트 경기 방식으로 결정한다.
(결승전 36홀 합산 점수 => D코스 합산 점수 => C코스 합산 점수 => B코스 합산 점수 => D코스 9번 홀 스코어 부터 8번 홀, 7번 홀…. 등 역순으로 적용한다.)

서든데스 경기 방식(Sudden death)

대회 요강의 지정된 홀에서 경기를 하여 최저 스코어로 순위를 결정합니다. 만약 이 때도 스코어가 같을 경우에는 Par 3홀을 지정하여 티샷을 하고 니어 핀(볼이 깃대에 가까운 거리)을 확정해 놓고, 그 홀의 경기를 하여 최저 스코어로 결정하되, 스코어가 같을 경우 니어 핀으로 순위를 결정합니다. (통상적으로 경기 시간 등을 고려하여 한 번에 승부를 가리기 위하여 처음부터 Par 3홀을 지정하는 경우가 많습니다.)

백 카운트 경기 방식(Back count)

경기자의 홀 진입 방법이 동일한 경우 아래 순서대로 결정합니다.

① 마지막 코스의 9개 홀의 합계 스코어를 비교하여 결정하고,

② 마지막 코스의 4번 홀부터 9번 홀까지(6개 홀)의 합계 스코어를 비교하여 결정하고,

③ 마지막 코스의 7번 홀부터 9번 홀까지(3개 홀)의 합계 스코어를 비교하여 결정하고,

④ 마지막 코스의 9번 홀부터 8번 홀, 7번 홀,... 등 역순으로 스코어를 비교하여 결정합니다.

기타 플레이 방식

동반자의 수에 따라 1인대 2인, 1인대 다수, 2인대 2인 등으로 운용하는 경기 방식이며, 쓰리썸, 쓰리 볼, 포 썸, 포 볼, 베스트 볼 경기 등이 있습니다.

[표1-1] 파크골프 플레이 방식

구 분	팀구성	경기방식	설 명
쓰리 썸 (Three Some)	3명 (1:2)	스트로크 플레이	각자 자신의 볼로 경기를 한 후, 2명인 팀은 매 홀마다 팀별로 좋은 스코어를 기록하여 승부를 겨루는 방식
		매치 플레이	팀별로 1개의 볼로 플레이하는 방식으로 2명인 팀은 볼을 번갈아 가며 샷을 하여 매 홀 마다 승패를 결정하는 방식
쓰리 볼 (Three Ball)		스트로크 플레이	각자 자신의 볼로 경기를 한 후, 매 홀마다 팀별로 좋은 스코어를 기록하여 승부를 겨루는 방식
		매치 플레이	각자 자신의 볼로 경기를 한 후, 매 홀마다 팀별로 좋은 스코어로 승패를 결정하는 방식
포 썸 (Four Some)	4명 (2:2)	스트로크 플레이	각자 자신의 볼로 경기를 한 후, 팀별로 좋은 스코어를 기록하여 승부를 겨루는 방식
		매치 플레이	팀별로 1개의 볼로 순서를 번갈아 가며 샷을 하여 매 홀 마다 승패를 결정하는 방식
포 볼 (Four Ball)		스트로크 플레이	각자 자신의 볼로 경기를 한 후, 매 홀마다 팀별로 좋은 스코어를 기록하여 승부를 겨루는 방식
		매치 플레이	각자 자신의 볼로 경기를 한 후, 매 홀마다 팀별로 스코어를 합산하여 승패를 겨루는 방식
베스트 볼 (Best Ball)		스트로크 플레이	각자 티샷을 한 후 팀별로 좋은 볼을 선택하여 번갈아 가며 샷을 한 후, 스코어를 기록하여 승부를 겨루는 방식
		매치 플레이	각자 티샷을 한 후 팀별로 좋은 볼을 선택하여 번갈아 가며 샷을 한 후, 매 홀마다 팀별로 스코어를 비교하여 승패를 겨루는 방식

파크골프 스코어에 대하여

일반적으로 스포츠에서 스코어를 계산할 때 1점, 2점 등으로만 하는데 일반 골프나 파크골프에서는 약간 달리 부르고 있습니다. 파크골프에서도 일반 골프와 동일하게 그린에 꽂혀 있는 깃대의 홀컵에 볼을 넣으면 해당 홀이 끝나게 되고, 18홀 또는 36홀 등 모든 경기가 끝나고 나면 전체 스코어를 합산하여 적은 타수 순으로 순위를 정하게 됩니다. 각 홀 마다 기준 타수(파: Par)라는 것이 있는데, 이것은 홀컵에 볼을 넣어야 하는 기준 타수를 정해 놓은 것을 말합니다. 즉 파3 홀의 경우에는 기준타수가 3이고, 파4 홀은 4, 파5 홀은 5가 되겠습니다. 여기서 타수를 계산하기 위해 3타, 4타 등으로 부르기도 하지만 해당 홀의 기준 타수(파: Par) 보다 적거나 많이 쳤을 경우에 단순히 숫자만으로 더하기 빼기 해서 합산을 하는 것이 아니라 일반 골프와 마찬가지로 다음의 표와 같이 여러 가지 용어를 사용합니다. 여기서 'n'은 각 홀마다 지정된 기준 타수(파:Par)를 나타내며, 파3 홀의 경우에는 3이고, 파4 홀은 4, 파5 홀은 5가 되겠습니다.

[표1-2] 파크골프의 스코어별 용어

용어	해설	기준타수(파:Par)	성적(타수)
파(Par)	기준 타수로 컵인한 경우	n	n
홀인원(Hole in one)	티잉 그라운드에서 티샷한 볼이 한 타 만에 컵인한 경우	n	1
버디(Birdie)	파 보다 1타 적은 타수로 컵인한 경우	n	n - 1
이글(Eagle)	파 보다 2타 적은 타수로 컵인한 경우	n	n - 2
앨버트로스(Albatross)	파 보다 3타 적은 타수로 컵인한 경우	n	n - 3
콘도르(Condor)	파 보다 4타 적은 타수로 컵인한 경우	n	n - 4
보기(Bogey)	파 보다 1타 많은 타수로 컵인한 경우	n	n + 1
더블보기(Double Bogey)	파 보다 2타 많은 타수로 컵인한 경우	n	n + 2
트리플보기(Triple Bogey)	파 보다 3타 많은 타수로 컵인한 경우	n	n + 3
쿼드러플보기(Quadruple Bogey)	파 보다 4타 많은 타수로 컵인한 경우	n	n + 4
더블파(Double Par)	파 보다 2배 많은 타수로 컵인한 경우	n	n * 2

스코어카드 작성하기

파크골프에서도 일반 골프와 같이 스코어카드를 작성하게 되는데, 스코어카드는 각 구장이나 단체에서 사용하는 양식이 조금씩 다르지만 대부분 코스명과 각 홀별 거리 및 기준 타수 등이 표시되어 있습니다. 스코어카드 작성 시 실제 스코어보다 적게 적어내면 실격 처리가 되기 때문에 정확하게 작성하여야 하며, 경기를 마친 후 동반자가 서로 확인을 하면 됩니다. 시합을 할 경우에는 해당 홀마다 배치된 심판(기록원)이 기록을 하면 각자 확인하고 경기가 끝나고 나면 확인 후 서명을 하도록 하고 있습니다. (서명을 하지 않은 동반자는 실격처리된다. 2021. 9.15 개정)

SCORE CARD (A)

홀	거리/파	성명/스코어			
1	46m/3				
2	55m/3				
3	63m/4				
4	70m/4				
5	60m/4				
6	46m/3				
7	64m/4				
8	40m/3				
9	140m/5				
계(33打)					
합계(66打)					
서 명					

아름파크골프클럽

SCORE CARD (B)

홀	거리/파	성명/스코어			
1	140m/5				
2	50m/4				
3	43m/3				
4	33m/3				
5	50m/3				
6	72m/4				
7	100m/4				
8	67m/4				
9	54m/3				
계(33打)					
합계(66打)					
서 명					

아름파크골프클럽

2장

파크골프 기본 용구

클럽의 모양과 구조

←그립(가죽, 레자, 고무)

←샤프트(카본, 유리섬유)

헤드(나무)→ ←클럽 페이스

　파크골프 클럽은 그립과 샤프트, 헤드 등 세 부분으로 나눌 수 있으며, 길이는 86cm 이하, 무게는 600g 이하이며 로프트 각도는 일반골프와는 달리 0도입니다. 그립은 손으로 잡는 부분으로 대개 가죽이나 고무 등의 재질로 되어 있고, 샤프트는 그립과 헤드를 연결해주는 부분으로 카본 등의 재질로 되어 있으며, 볼이 닿는 페이스 부분은 볼의 충격을 흡수하기 위해 카본으로 되어 있습니다.

헤드는 볼을 가격하는 부분으로써 원목, 또는 나무 합성소재 등의 재질로 만들어져 있는데 원목으로는 감나무나 단풍나무가 강도가 강하고 질기며, 나무결이 아름답기 때문에 가장 많이 사용되며, 집성목은 나무를 결대로 잘라서 압축한 방식이며, 합성소재는 나무합판과 알루미늄 등의 다른 소재들을 합쳐서 만든 것입니다.

클럽의 종류 및 관리요령

파크골프 클럽의 종류

파크골프 클럽의 종류에는 성인용을 비롯해서 장애인용(휠체어용)과 어린이용으로 구분되며, 성인용 클럽의 길이는 86cm 이하이며, 어린이용은 75cm, 장애인용(휠체어용)은 80cm입니다.

파크골프 클럽의 관리요령

클럽의 헤드는 나무로 만들어져 습기에 매우 취약하기 때문에 관리에 주의를 하여야 합니다. 물수건이나 물티슈 등으로 헤드를 닦을 경우 습기를 빨아들여 헤드가 팽창을 하여 손상이 되기 쉬우며, 운동 중에 헤드를 부딪히거나 하면 틈새로 물이 들어갈 수도 있기 때문에 이때는 마른 수건 등으로 깨끗하게 닦아서 통풍이 잘 되는 그늘에서 헤드가 위로 가도록 세워서 말리는 것이 좋겠습니다. 그리고 클럽을 오래 사용하기 위해서는 가끔 왁스 등으로 닦아주면 좋겠습니다.

볼의 종류와 특징

1부/2장/03

파크골프에 사용되는 볼은 보통 합성수지 등으로 만드는데, 볼의 무게는 80~95g 이며, 직경은 6cm입니다. 파크골프도 일반 골프와 마찬가지로 볼을 이야기할 때 1피스, 2피스, 3피스, 4피스 등으로 구분하여 이야기를 하는데 이것은 볼을 만들 때 몇 겹으로 하느냐에 따라 구분되며 몇 피스냐에 따라 타구감이나 볼이 날아갈 때 회전량과 스핀 등에 영향이 있다고 합니다. 자료에 의하면 2피스 볼은 비거리 위주의 볼로 조금 딱딱한 느낌이고, 3피스 볼은 부드러운 타구감이 특징이며, 4피스 볼은 부드러운 타구감과 비거리가 좋다는 이야기를 합니다. 하지만 파크골프는 일반골프에 비하여 높이 띄우기 보다는 굴리는 것이 특징이기 때문에 피스 수에 너무 집착하지 말고 구입비 면에서도 차이가 있으므로 본인의 스타일에 맞는 볼을 선택해서 사용하면 되겠습니다.

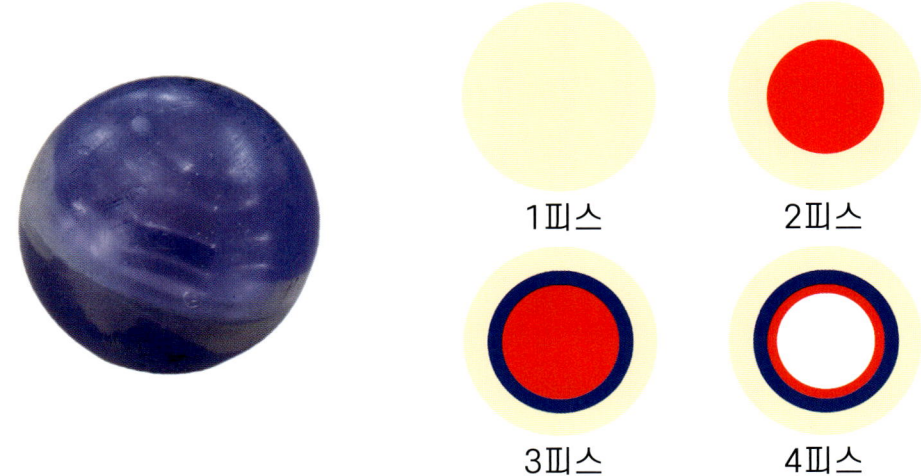

티와 볼마크

티(Tee)

파크골프에 사용되는 클럽과 볼 이외에도 티샷 시 사용되는 티와 볼 마커 등이 있습니다. 티는 고무 또는 연질의 재질로 만들며, 높이는 바닥에서 볼의 아랫부분까지의 높이가 2.3cm 이하여야 합니다.

볼 마커(Ball marker)

볼마커는 그린이나 페어웨이에서 규칙에 따라 볼이 놓여 있는 위치를 표시하기 위해 볼이 있던 자리에 놓는 용품입니다. 마커를 놓을 때는 홀컵을 바라보고 볼 뒤쪽에 마커를 놓고 볼을 주워들어 올려야 하며, 볼을 원위치 할 때는 마커 앞에다 집어올렸던 볼을 놓은 후에 마커를 집어들면 됩니다.

기타용품 및 소품

파크골프에 사용되는 클럽과 볼 이외에도 신발과 모자, 장갑, 클럽 보관 가방, 파우치 등 여러 가지 용품과 소품들이 있습니다.

[표1-3] 기타용품 및 소품

명 칭	사 진	규 격	비 고
모 자		• 골프용 모자 • 운동 모자	• 안전 목적 • 얼굴 전체를 가리는 행위는 금지
신 발		• 운동화, 골프화	• 잔디 보호 목적 • 구두 불가
장 갑		• 골프 장갑	• 손의 미끄럼 방지용
가 방		• 클럽 보관용 가방	
파 우 치		• 골프용 파우치	• 선크림, 볼, 필기구 등 보관

3장

파크골프장에 대하여

파크골프장의 구성

파크골프장 조성

파크골프장은 기존의 공원이나 하천 부지, 리조트의 유휴지, 접근성이 양호한 임야 등을 이용하여 조성할 수 있으며, 소요 면적은 부지 여건에 따라 다소 차이가 있지만 1개 코스(9홀)당 약 8,000㎡(2,400평) 정도가 소요됩니다. 앞에서도 언급하였듯이 경기는 기본적으로 18홀(9홀 2개 코스)을 기준으로 운용하며 경기당 소요 시간은 약 1시간 30분 정도이며, 현재 우리나라에는 규모에 따라 9홀, 18홀, 27홀, 36홀 등이 있으며, 72홀 이상의 파크골프장도 있습니다.

출처-천안시 백석동 파크골프장 조감도

파크골프장 코스 제원

  파크골프장의 코스는 9개의 홀을 1개의 코스(단위)로 하여 기준타수(파:Par)인 파 3홀 4개, 파 4홀 4개, 파 5홀 1개로 구성되며, 1개 코스의 기준타수는 총33타로써 1개의 코스 단위로 A,B,C,D 4개의 코스로 구분하고, 각 코스는 적색, 청색, 황색, 백색의 깃발로 구분합니다.

> 1개 코스(9홀) = 파3홀 4개 + 파4홀 4개 + 파5홀 1개 = 33타

[표1-4] 각 코스별 홀 구성과 제원

홀 구분	코스 길이	개수	기준타수(파:Par)
Par 3	40m ~ 60m	4개	12타
Par 4	60m ~ 100m	4개	16타
Par 5	100m ~ 150m	1개	5타
계	500m ~ 790m	9개	33타

[표1-5] 코스별 깃발 색깔

코스	A	B	C	D
색깔(깃대)	적색	청색	황색	백색

파크골프장 각 홀의 구조

 파크골프장의 코스별 홀은 모양이 조금씩 다르지만 전체적인 구조는 대동소이 합니다. 각 홀은 기본적으로 첫 번째 샷을 하기 위한 티잉 그라운드가 있고, 2타 이후 샷을 하기 위한 페어웨이와 홀컵에 깃대가 꽂혀 있는 그린이 있습니다. 그리고 경기의 묘미와 다양한 기술 구사를 요구하는 러프 지역, 벙커 지역도 있으며, 플레이가 불가능한 OB(Out of Bounds) 지역과 물과 같은 해저드 지역이 있는 홀도 있습니다.

출처-대구광역시 파크골프협회 파크골프교육용 영상에서 편집

파크골프장의 시설물

1부/3장/02

파크골프장도 일반 골프장과 마찬가지로 운동을 즐기기 위해 기본적으로 필요한 시설물이 있는데, 안내판과 클럽하우스, 페어웨이 및 러프, 벙커와 워터해저드, 스프링클러, 그린 등이 있는 시설물들이며, 파크골프의 제반 규칙에 따라 안전하게 운동을 즐길 수 있도록 해줍니다.

파크골프장 안내

파크골프장 코스의 구성과 제원 및 준수 사항 등에 대하여 설명합니다.

출처-밀양파크골프장

클럽하우스

일반 골프장의 클럽하우스와 마찬가지로 이용자의 접수나 등록, 휴게실, 용구 및 용품의 판매와 대여, 경기실, 탈의실과 샤워실, 화장실, 식당 등을 갖춘 시설로써 현재는 대부분의 파크골프장이 하천 등에 조성이 되어 있어 건축물을 짓는데 제한이 있기 때문에 일반 골프장과 같이 제대로 된 클럽하우스를 갖추고 있는 파크골프장은 많지 않고, 시설도 열악한 수준이라고 하겠습니다. 앞으로 국가적인 차원에서 관심이 증대되고, 파크골프 인구의 저변 확대 등으로 개인이 운영하는 파크골프장도 늘어나고 있어 제대로 된 클럽하우스가 생기게 될 것으로 예상합니다.

출처-춘천파크골프장

출처-부산 삼락생태공원 파크골프장

출처-임실의견파크골프장

출처-함안 군북파크골프장

페어웨이(Fairway)와 러프(Rough)

티잉 그라운드에서 티샷을 하여 깃대가 꽂혀 있는 그린까지 도달하는 길에 잔디를 약 3cm 정도의 길이로 깨끗하게 깎아 놓은 지역을 페어웨이라고 하며, 러프는 페어웨이 주변에 자연적인 풀 등이 있는 구역을 말하며, 잔디를 깎을 경우에는 약 5cm 이상으로 합니다. 하지만 현재 대부분 코스가 넓지 않거나 관리상 등의 이유로 페어웨이와 러프가 구분이 되어 있지 않으며, 벙커나 물 등이 있는 해저드나 페널티 구역 등을 제외하고 모두 페어웨이라고 합니다.

벙커(Bunker)

벙커는 코스의 난이도를 높여 변화를 주기 위해 모래 등을 넣어 놓은 지역을 말합니다. 보통 페어웨이에 있는 크로스 벙커와 사이드 벙커, 그린 주변의 그린 벙커 등이 있습니다.

워터해저드(Water hazard)

벙커와 마찬가지로 코스의 난이도를 높여 변화를 주기 위한 자연적인 개울이나 연못과 같이 인위적으로 조성해 놓은 물웅덩이 등으로써 해저드의 일종입니다.

스프링클러(Sprinkler)

코스 내의 잔디에 물을 공급하기 위해 설치해 놓은 장비이며, 고정식과 이동식이 있습니다.

그린(Green)

각 홀의 깃대가 꽂혀 있는 홀컵 주변의 구역을 말하며, 형태는 자유롭게 해도 무방하며 지름 5m 이상의 타원형 형태의 넓이와, 길이 20mm 이내의 잔디나 인조 잔디로 조성되어 있으며, 난이도를 위해 약간의 경사나 굴곡을 두기도 합니다.

파크골프장의 설치물

티잉 그라운드(Teeing Ground)

각 홀에서 티샷(제 1타)을 하는 구역을 말합니다. 보통 페어웨이보다는 약간 높게 조성이 되어 있으며, 1.5m x 1.5m, 2.0m x 2.0m 크기의 사각형 형태이고, 여기에는 보통 티 마커가 설치되어 있으며, 티샷을 할 때는 반드시 티 위에 볼을 올려놓고 샷을 해야 합니다.

홀 표지판(Hole guide)

　각 홀마다 그 홀에 대한 전반적인 안내를 하기 위해 티잉 그라운드 근처에 세우거나 바닥에 설치하며 여기에는 코스명, 홀의 번호, 기준타수, 길이 등이 표시되어 있습니다. (오른쪽 그림은 A코스 6번홀, 파3, 46미터를 나타냄)

볼 거치대와 순서뽑기 (Ball Rack & Order)

　볼 거치대는 각 코스의 첫 번째 홀에 설치되어 있으며, 각 팀별로 볼을 하나씩 올려놓고 차례대로 시작을 합니다.
　순서 뽑기는 일반 골프와 마찬가지로 코스의 첫 번째 홀에 설치되어 있으며, 각 팀별로 티 샷하는 순서를 정하는 데 사용합니다.

홀컵과 깃대(Hole Cup & Flagpole)

각 홀의 그린에는 홀컵과 깃대가 꽂혀 있는데, 홀컵은 지름 20cm, 깊이 15cm의 원형의 스텐레스 재질로 만들어져 있으며, 홀컵에 볼이 들어가는 것을 "컵 인" 또는 "홀 인" 이라고 합니다. 깃대는 그린 위의 홀컵에 꽂혀있는 설치물로써 해당홀의 최종 목표지점을 알려주며 스텐레스나 알루미늄 또는 합성수지 등으로 만들고, 깃대의 길이는 2m ~ 2.5m 정도입니다. 또한 깃대에는 1~9 번까지의 숫자가 적혀 있는데 해당 홀이 몇 번째 홀인지 알려줍니다.
(파크골프는 앞에서 기술한 바와 같이 9개 홀을 기준으로 1개의 코스로 하고 있는데, 각 코스는 '적', '청', '황', '백' 순으로 깃발 색깔로 구분합니다.)

안전망(Safety net)

안전망은 페어웨이가 좁거나 다른 홀의 그린 등이 인접하여 있어서 방해가 되거나 안전을 위해 필요할 때에 설치합니다.

오비 구역(OB zone)

OB는 Out of Bounds의 약칭으로 코스 내의 설치물 등을 보호하거나 난이도를 부여하기 위해 일정한 간격으로 말뚝을 꽂아두어 OB 구역임을 나타내며 이 구역에 볼이 들어가면 플레이 할 수 없으며, 벌타를 부여합니다.

배수구(Drainage)

코스 내 우천 시 배수를 위하여 설치한 시설물로써 이 구역에 볼이 들어가면 구제받을 수 있습니다.

MEMO

파크골프
실 기

4장

파크골프 기본 자세

체중 이동과 몸의 균형

2부/4장/01

　우리는 모든 운동을 할 때 힘을 전달하기 위해 가만히 서서 움직이지 않고 하는 것이 아니라 뭔가 크든 작든 그 운동에서 요구되는 전후, 좌우, 또는 상하 운동 등 체중 이동을 할 때 정확성과 좋은 결과를 가져올 수 있습니다.

　일반 골프에서는 다른 움직임 보다는 좌우 체중 이동에 대한 개념이 매우 중요한 요소이지만 파크골프는 그렇게 심한 정도는 아니지만 그렇다고 해서 이 체중 이동 개념을 완전히 무시하게 되면 좋은 성적을 내기도 어려울뿐 아니라 좋은 폼을 갖추기도 어렵게 됩니다.

　그리고 이 체중 이동과 관련된 하나의 몸 움직임이 바로 회전 운동이라고 할 수 있는데, 우리가 클럽으로 볼을 칠 때 크든 작든 몸의 중심을 왼쪽에서 오른쪽으로 옮겼다가 다시 왼쪽으로 이동시키는 동작을 하게 되는데 이때 완전하게 수평으로, 다시 말해서 옆으로(우에서 좌로) 가격만 해서는 볼을 목표 방향으로 보내는 것은 매우 어렵기 때문에 약간의 회전 운동이 필요합니다. 이러한 회전 운동이 잘 안될 경우 몸을 좌우로 움직이는 동작을 하게 되는데 이것이 바로 스웨이(sway)현상이라고 할 수 있겠습니다. 따라서 볼을 칠 때 얼마나 체중 이동을 알맞게 잘 하고 몸의 균형을 유지하면서 적절한 회전 운동을 얼마나 잘 하느냐에 따라 좋은 결과와 멋있는 폼을 가진 파크골퍼가 될 수 있다고 하겠습니다. 결과적으로 가장 중요한 요소는 몸의 중심선(코어:core)을 최대한 유지하고 마치 내 몸통이 원통 안에 들어 있는 것과 같은 느낌으로 스윙을 하는 것입니다. 이것과 관련된 좀 더 자세한 내용은 차차 기술하여 드리도록 하겠습니다.

체중이동 요령

　체중 이동(중심 이동)이라 함은 우리 몸의 축을 중심으로 좌우로 움직이는 것을 말합니다. 클럽으로 볼을 치기 위해 스윙을 할 때, 어드레스 자세에서 백스윙을 하면서 몸의 무게 중심을 오른쪽으로 이동시키고 다운스윙을 할 때는 오른쪽으로 움직였던 중심을 다시 왼쪽으로 움직여야 하는데, 이는 마치 야구에서 투수가 볼을 던질 때를 연상하면 도움이 되겠습니다. 즉 최대한 허리의 회전축(코어)을 유지한 채 무게 중심만 오른쪽으로 이동하면서 백스윙을 하고, 다운스윙을 할 때는 클럽을 잡은 손보다 먼저 무게 중심을 왼쪽으로 이동시킨 후에 클럽으로 볼을 가격해야 합니다. 아주 짧은 시간이지만 만약 클럽을 쥔 손이 먼저 움직이면 체중이동이 제대로 되지 않고 팔로 볼을 치게 되어 아주 나쁜 결과를 가져오게 되는 것입니다.

그립과 스탠스에 대하여

몸과 클럽을 하나로 만드는 그립

　일반 골프에서 그립의 중요성은 아무리 강조해도 지나치지 않으며, 파크골프에서도 그립은 아주 중요한 요소라고 할 수 있습니다. 왜냐면 그립을 올바르게 잡지 않으면 내가 쓰고자 하는 힘의 크기와 방향을 정확하게 클럽으로 전달하기 어렵기 때문입니다. 우리가 클럽을 잡을 때 주로 왼손에 장갑을 끼는데(악력이 부족하거나 여성인 경우는 양손) 이는 백스윙을 할 때 클럽을 왼쪽에서 오른쪽으로 이동하게 되는데 이 때 클럽을 잡은 손과 클럽과의 마찰을 최대한 유지시켜 미끄러짐을 방지하여 무게 중심을 유지하기 위함입니다.

　그립은 최대한 가볍게 잡아서 스윙을 할 때 손목이 자유롭게 움직일 수 있도록 하는 것이 좋으며, 그립이 닳아 착용감이 떨어지게 되면 무의식 중에 손에 힘이 들어가게 되고 손목이 경직되어 부드러운 스윙이 되기 어렵기 때문에 그립과 장갑의 상태를 확인하는 것이 좋습니다.

　그립을 잡는 순서는 먼저 왼손으로 그립 끝에서 약 1cm 정도는 남겨두고 새끼 손가락부터 순서대로 자연스럽게 잡고 난 후에 오른손으로 일반 골프와 마찬가지로 오버래핑 그립, 인터록킹 그립, 베이스볼 그립 등 세 가지 그립 형태 가운데 하나를 선택하여 잡으면 됩니다. 이때 오른손 보다 왼손의 힘을 더 세게 잡는 것이 좋으며, 힘껏 잡지 말고 가볍게 잡는 것이 좋습니다.

그립의 형태

[표2-1] 인터록킹 그립(Interlocking grip)

사 진	설 명
	오른손 잡이의 경우 오른손의 새끼 손가락이 왼손의 검지와 중지에 깍지 끼듯 교차해서 잡는 방법으로 양 손의 일체감이 좋기 때문에 손이 작거나 힘이 부족한 여성 등인 경우에 권장되며, 오버래핑 그립에 비하여 그립을 단단히 잡을 수 있고 안정감이 있는 반면 헤드의 움직임이 둔해지는 그립형태입니다.

[표2-2] 오버래핑 그립(Overlapping grip)

사 진	설 명
	오른손잡이의 경우 왼손으로 클럽을 쥔 후 오른손의 새끼 손가락을 왼손의 검지와 중지 사이에 가볍게 겹쳐 잡는 방법으로 일반 골프에서도 가장 많이 사용하는 그립 형태입니다. 오른손의 힘을 억제하여 양 손의 일체감을 유지시켜 주어 힘을 균등하게 배분될 수 있으며, 임팩트 지점에서 헤드의 움직임이 좋은 반면 인터록킹 그립에 비해 결합성이 떨어질 수 있습니다.

[표2-3] 베이스볼 그립(Baseball grip)

사 진	설 명
	야구의 배트 잡는 방법과 유사하다고 해서 붙여진 이름이며, 손가락을 걸거나 겹쳐 잡지 않고 양 손을 자연스럽게 따로 가깝게 붙여서 잡는 형태로써 그립을 잡고 있는 면적이 넓어 클럽의 미끄러짐이 덜하고 강한 파워를 낼 수 있습니다. 손가락이 짧거나 악력이 비교적 약한 사람에게 맞는 그립 형태로 볼에 힘을 전달하기 쉬운 장점이 있는 반면 오른손의 힘을 과하게 쓰지 않도록 주의하고 양 손의 힘을 고르게 해주어야 하는 그립 형태입니다.

스탠스에 대하여

　우리가 볼을 치기 위해서는 몸을 약간 숙인 상태에서 스윙을 하게 되는데 무엇보다 안정적인 자세가 중요하다고 하겠습니다. 특히 허리의 코어를 유지한채로 하체를 안정적으로 땅바닥에 고정하는 것이 중요합니다.

　파크골프 스탠스 역시 일반 골프와 마찬가지로 양 발의 간격은 어깨 넓이가 적당하며, 사람마다 체형이 다르기 때문에 거리나 상황에 따라 양 발의 간격을 조절하면 되겠습니다. 거리가 짧거나 그린 주변 등에서는 스탠스의 폭을 조금 더 좁게 취하는 것이 유리합니다.

　종류는 일반 골프와 마찬가지로 양 발이 11자 형태인 스퀘어 스탠스(square stance), 왼발이 약간 오픈된 형태인 오픈 스탠스(open stance), 오픈 스탠스와 반대로 오른발이 약간 뒤로 빠진 형태인 클로우즈 스탠스(close stance)가 있습니다.

[표2-4] 스퀘어 스탠스(Square stance)

사 진	발의 위치	설 명
		가장 많이 취하는 기본적인 형태로 양쪽 발을 11자형으로 하여 양 발끝을 잇는 선이 볼이 날아갈 방향과 평행으로 취하는 스탠스로써 볼의 방향을 컨트롤하기 쉽고, 턴을 할 때 가장 이상적인 자세라고 할 수 있습니다.

[표2-5] 오픈 스탠스(Open stance)

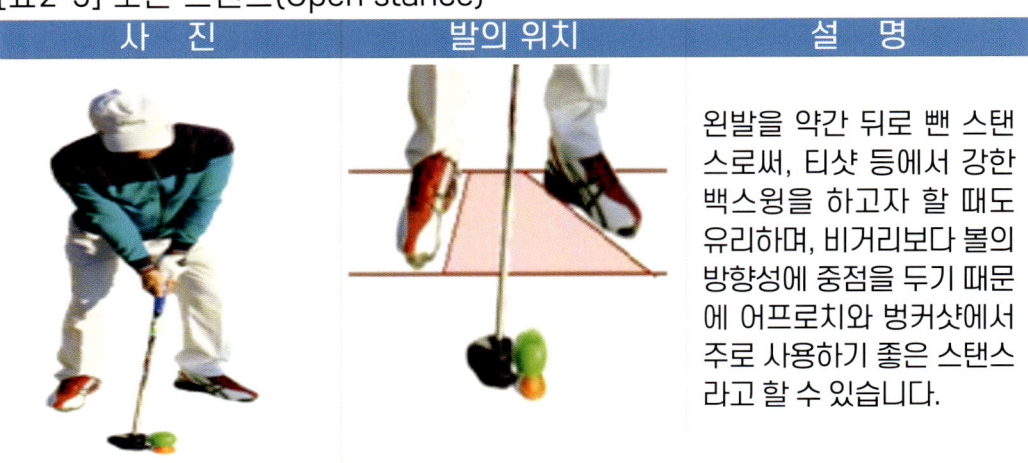

사 진	발의 위치	설 명
		왼발을 약간 뒤로 뺀 스탠스로써, 티샷 등에서 강한 백스윙을 하고자 할 때도 유리하며, 비거리보다 볼의 방향성에 중점을 두기 때문에 어프로치와 벙커샷에서 주로 사용하기 좋은 스탠스라고 할 수 있습니다.

[표2-6] 클로우즈 스탠스(Close stance)

사 진	발의 위치	설 명
		오픈 스탠스와는 반대로 오른쪽 발을 약간 뒤로 뺀 스탠스로써 자세를 취하는 순간 오른쪽 허리가 이미 회전되어있어서 백스윙하기쉬우며, 스윙 할 때 몸통 회전이 잘 안되어 오른쪽으로 슬라이스가 나는 사람들에게 좋은 자세입니다.

스탠스 자세에서 볼의 위치에 대하여

우리가 볼을 치기 위해 스탠스를 취하게 되는데 이 때 샷 별 볼의 위치를 조금씩 다르게 해야 필요한 힘을 정확한 방향으로 전달할 수 있는데 샷별로 볼을 놓는 위치에 대해 알아보도록 하겠습니다.

[표2-6] 샷 별 볼의 위치

사 진	발의 위치	설 명
티 샷		• 볼은 왼발 뒤꿈치 선에 위치 • 티샷, 퍼팅 샷 또는 볼을 띄우기 위한 샷을 할 때 이용하는 위치
페어웨이 샷		• 볼을 양 발의 가운데에 위치 • 티샷 이후 샷에서 사용되며, 가장 많이 사용되는 위치
벙커, 러프 샷		• 볼을 양 발의 가운데에 서 약간 오른쪽에 위치 • 볼이 잘 구르지 않는 러프나 벙커등에서 하는 샷

파크골프 스윙에 대하여

일반 골프와 마찬가지로 파크골프에서도 볼을 치기 위한 스윙은 아주 짧은 시간에 이루어지는 연속된 하나의 동작입니다. 하지만 자세히 살펴보면 약간씩 차이가 나는 7단계로 나눌 수 있는데 우리는 각 단계별로 이루어지는 특징을 제대로 파악하고 학습하여야 할 필요가 있습니다.

[표2-7] 파크골프 스윙 7단계

단계	순서명	내 용
1	어드레스	스윙 동작을 하기 위해 자세를 잡는 단계
2	테이크 백	두 팔과 양쪽 손목의 각도를 유지한 채로 백스윙을 시작하는 단계
3	백스윙	테이크 백과 연결하여 이루어지며 왼쪽에서 오른쪽으로 체중이동과 회전을 하면서 클럽을 들어 올리는 단계
4	다운스윙	볼을 향해 클럽을 내려오게 하는 단계
5	임팩트	클럽으로 볼을 맞추는 단계
6	팔로우 스루	임팩트 이후 스윙에 의해 자연스럽게 만들어지는 동작으로 클럽이 목표 방향으로 나아가게 하는 단계
7	피니쉬	스윙의 마무리 단계

제 1단계 : 어드레스(Address)

파크골프에서의 어드레스는 일반 골프와 마찬가지로 스윙을 하기 위한 첫 번째 단계라고 할 수 있습니다. 각 코스에서 티잉 그라운드에서 티 샷을 하여 그린의 홀 컵까지 도달하기까지는 코스의 난이도에 따라 공략 방법이 다양할 수 있습니다. 좋은 스코어를 기록하기 위해서는 홀에 들어서서 어드레스를 취하기 전에 제일 먼저 각 홀마다 설치되어 있는 표지판에 나와 있는 기준 타수와 거리 등을 확인한 후에 자신이 샷을 하기 위한 목표 방향을 선정한 후에 어드레스를 취하는 것이 좋은데, 어드레스의 요령에 대해 자세히 살펴보도록 하겠습니다.

우리가 스윙을 하면서 몸의 균형을 잘 유지하는 것이 중요한데 1차적으로 중요한 요소가 양 발의 넓이라고 할 수 있겠습니다. 양 발의 넓이는 보통 자신의 어깨 넓이 정도로 벌려서 서게 되면 안정적이라고 하겠습니다. 그리고 사람의 체형이나 스윙의 크기에 따라 양 발의 넓이를 조정하게 되는데, 티샷 등 강한 샷을 하기 위해서는 넓게 서는 것이 좋고, 퍼팅이나 가까운 거리인 경우에는 좁게 서고 가까이 서는 것이 좋습니다. 왜냐하면 강한 스윙을 하는데 양 발의 간격이 좁으면 몸의 균형 감각을 잃게 되기 때문이겠지요.

다음으로 어드레스를 취하는 행동 요령에 대해 순서대로 살펴보도록 하겠습니다. 먼저 새끼 손가락에 제일 큰 힘으로 그립을 한 후 허리를 곧게 펴고, 클럽을 45°로 들어 올려서 마치 검도 자세처럼 해줍니다. 이 상태에서 허리를 곧게 펴고 무릎을 약간 구부린 후 엉덩이는 뒤로 빼면서 클럽의 헤드가 지면에 닿을 때까지 천천히 상체를 구부려줍니다. 이 때 자연스럽게 오른쪽 어깨가 약간 아래로 처지는 모습이 되며, 오른쪽 팔은 가급적이면 옆구리에 붙이는 것이 좋습니다. 이때, 내 몸과 볼과의 거리도 매우 중요한데요, 일반적으로 클럽을 잡은 두 손과 몸 사이에 주먹 하나 정도 들어갈 정도의 공간을 유지하는 것이 좋습니다. 왜냐하면 볼과 내 몸의 거리가 너무 가까우면 스윙의 크기가 작게 되고 힘의 전달이 잘 안 되는 문제가 발생되고, 반대로 너무 멀리 서게 되면 경직되어 클럽을 정확한 방향으로 보내기 어렵기 때문입니다. 마지막으로 클럽의 페이스와 볼을 스퀘어 상태로 맞춘 후에 양 쪽 어깨와 몸을 목표 방향과 평행하게 한번 더 정렬을 하여 줍니다.

제 2단계 : 테이크백(Take back)

　어드레스를 취하고 나면 볼을 치기 위해 백스윙을 하게 되는데 먼저 백스윙의 시동 단계라고 할 수 있는 테이크백(또는 테이크어웨이)을 하게 됩니다.

　테이크백의 요령에 대해 살펴보도록 하겠습니다. 테이크백은 어드레스 이후 볼을 타격하기 위한 첫 번째 단계로써 왼쪽 어깨와 오른쪽 팔이 스윙을 주도하게 됩니다.

　양쪽 겨드랑이는 옆구리에 붙인 상태에서 두 팔과 손목의 각도를 그대로 유지하면서 천~천히 낮게 오른쪽으로 움직여 줍니다.

제 3단계 : 백스윙(Back swing)

　백스윙 단계는 테이크 백을 거쳐 오른쪽으로(오른손 잡이 경우) 클럽을 들어올리는 단계를 말합니다. 이때 어깨와 몸통을 회전하게 되는데 일반 골프에서는 어깨와 몸통 회전이 매우 중요한 요소이지만 파크골프에서는 클럽의 길이도 짧고 티샷 이외에는 강한 스윙이 필요치 않기 때문에 어깨 회전과 몸통을 과하게 하면서 백스윙을 크게 하는 경우는 많지 않습니다. 하지만 스윙의 크기가 크든 적든 볼을 치기 위해 백스윙을 해야 하고 다음 단계인 다운스윙을 하기 위해 백스윙 마무리 단계를 거쳐야 합니다.

백스윙의 요령에 대해 살펴보도록 하겠습니다.

백스윙은 테이크 백과 연결하여 이루어지며, 왼쪽에서 오른쪽으로 체중 이동을 하면서 시작하게 되는 단계입니다.

왼쪽 어깨가 리드하면서 목표 거리에 따라 스윙의 크기를 달리하며, 특히 왼팔이 굽어지지 않도록 하고, 오른쪽 팔은 옆구리에 붙여주고 스윙궤도를 만들면서 클럽을 들어올려 줍니다.

제 4단계 : 다운스윙(Down swing)

　다운스윙은 테이크백과 백스윙 단계가 끝나고 나서 볼을 치기 위해 클럽을 백스윙 탑에서 반대로 내려오게 하는 단계입니다. 우리가 백스윙을 하면서 어깨와 몸통 회전을 하였는데요, 이 다운 스윙 단계에서는 꼬임을 풀어내는 과정이라고 보면 되겠습니다.

　다운 스윙은 백스윙 정점에서 잠시 멈추는 듯한 느낌을 가진 후에 임팩트 단계로 이어지는 동작입니다.

　어깨와 몸통의 꼬임을 풀어주면서 백스윙 시 이동하였던 몸의 무게 중심을 다시 왼쪽으로 이동시키면서 볼을 향해 클럽의 헤드를 내리는 스윙 궤도를 그리도록 합니다. 이때 급격한 체중 이동이나 허리 회전은 자제하며, 시선은 계속 볼에 두고 왼손과 어깨가 스윙을 주도하는 것이 좋습니다.

제 5단계 : 임팩트(Impact)

　임팩트는 다운스윙이 끝난 후에 볼을 때리기 위한 첫 번째 동작으로써 백스윙을 할 때 오른쪽으로 이동되었던 무게 중심을 자연스럽게 왼쪽으로 이동시키면서 모든 힘을 클럽 헤드에 실어서 가격하게 됩니다.

　순서대로 살펴보면, 임팩트는 백스윙이 끝난 후 처음 어드레스 자세로 되돌아 오면서 클럽 헤드의 중앙에 볼을 정확하게 맞추는 동작입니다.

　이 때 너무 일찍 오른쪽 발이 지면에서 떨어지지 않는 것이 좋습니다. 특히 주의할 점은 상체가 벌떡 일어나거나 머리를 들면 볼을 정확하게 맞추기 어려우므로 계속 시선을 볼에 두고 자세를 유지하는 것이 좋습니다.

제 6단계 : 팔로우 스루(Follow through)

임팩트가 끝나고 나면 볼은 클럽의 헤드를 떠나 공중으로 날아가고 클럽은 자연스럽게 목표 방향으로 진행을 하게 되는데 이 동작을 팔로우 스루라고 하며, 그 요령을 살펴보도록 하겠습니다.

팔로우 스루는 임팩트 이후 볼을 똑바로 보내기 위해 클럽의 헤드를 목표 방향으로 나아가게 하는 단계입니다.

양손 그립을 처음의 삼각형 모양으로 유지한 채 왼쪽으로 체중 이동을 시작하는데 이때 시선은 클럽 헤드가 볼을 맞추고 지나가는 것을 확인하면서 자연스럽게 목표 방향으로 따라가도록 하는 것이 좋습니다.

제 7단계 : 피니쉬(Finish)

　피니쉬는 스윙의 마지막 단계입니다. 팔로우 스루 이후 힘이 점점 줄어들게 되면서 무게 중심이 모두 왼발 쪽으로 오면서 스윙이 마무리 되게 됩니다. 역설적인 이야기이지만 피니쉬 자세가 좋으면 스윙의 결과도 좋게 됩니다. 필자는 골프에서 가장 중요한 단어 하나를 이야기 하라고 한다면 이 '피니쉬'를 꼽고 싶습니다. 심지어는 퍼팅에서도 피니쉬가 매우 중요하다고 이야기 할 정도입니다.

　피니쉬 동작은 팔로우 스윙 다음 단계로 볼을 보내고자 하는 거리에 따라 크기를 다르게 합니다.

　짧은 거리인 경우에는 오른발 뒤꿈치를 바닥에 붙인 채로 끝내도 되지만 긴 거리인 경우에는 체중을 왼쪽으로 이동시키면서 자연스럽게 지면에서 떨어지게 하여야 합니다. 이때 주의할 사항은 너무 빨리 피니쉬 자세를 풀지 말고 몇 초 간 자세를 유지하는 것이 좋습니다.

5장

파크골프의 샷에 대하여

티 샷(Tee shot)

  티 샷은 각 홀에서 티잉 그라운드에서 첫 번째로 하는 샷으로써 볼을 멀리 보내는 것을 목표로 하기 보다는 페어웨이로 정확하게 보내는 것을 목표로 하여야 합니다. 간혹 거리에 치중한 나머지 특히 거리가 있는 홀에서 무리하게 힘을 주어 티샷을 하는 경우를 볼 수 있는데, 안전 사고도 일어날 수 있으니까 거리 보다는 정확성에 중점을 두는 것이 중요하다고 생각합니다.

티 샷은 반드시 티 위에 볼을 올려놓고 샷을 해야 합니다. 볼은 왼발 뒤꿈치 앞 쪽에 놓고 백스윙은 지나치게 크지 않도록 하고, 임팩트를 할 때까지 척추각(core)을 유지하면서 볼에서 눈을 떼지 말고 목표 방향으로 클럽의 헤드를 똑바로 보낸다는 느낌으로 스윙을 하는 것이 중요합니다. 여기서 "헤드업" 이야기를 할 수 있는데요, 헤드업이란 것은 머리를 좌·우가 아니라 상·하로 움직이는 것을 말합니다. 우리는 누구나 볼을 치고 나면 볼이 잘 날아가는지 궁금한 나머지 머리를 들기 쉬운데 이것은 볼을 맞추기 전에 순간적으로 먼저 머리를 드는 것이 문제이며, 볼을 치고 나서 볼이 헤드를 지나서 날아간 뒤에는 자연스럽게 머리를 옆으로 돌리는 것은 무방합니다.

우리가 일반골프를 배울 때에도 귀에 못이 박히도록 듣는 말 가운데 하나가 바로 "헤드 업(head up) 하지 말라" 이야기일 것입니다. 사실 볼을 임팩트 할 때 순간적으로 볼보다 먼저 머리를 들어 목표를 바라보는 이 "헤드 업"만 하지 않는다면 뒷땅을 친다든지 하는 큰 사고(?)는 일어나지 않을 것이라고 생각합니다

이 "헤드업"을 방지하기 위해 어드레스 했을 때 눈 아래에 있는 골프화에다가 "머리 들지마!!!" 라는 문구를 써놓는 골퍼도 있는가 하면 앵무새 한 마리를 집에다 키우면서 "머리 들지마!!" 라는 말만 가르친다는 이야기가 있을 정도로 중요하고, 한편으로는 스트레스가 아닌가 싶습니다.

Tip : 띄우는 샷 요령

 파크골프의 클럽은 일반골프 클럽과 달리 클럽의 로프트 각이 없기 때문에 볼을 띄워 치기가 쉽지 않습니다. 이때는 그림과 같이 보통 티샷에서의 볼 위치보다 더 왼쪽, 즉 왼발보다 바깥쪽에 볼을 놓고 클럽 페이스는 열고, 그립은 위크(Weak)그립으로 잡는 것이 좋습니다. 스윙을 하는 요령은 백스윙 탑에서 다운스윙을 거쳐 임팩트 할 때 몸의 무게 중심을 왼쪽으로 이동시키지 말고 오른손과 팔을 이용하여 클럽의 헤드를 먼저 보내서 볼을 쳐 올리면 좋은 결과를 얻을 수 있습니다.

페어웨이(어프로치) 샷
(Fairway-Approach shot)

　티 샷 이후 페어웨이 등 잔디가 비교적 고른 상태에서 퍼팅을 하기 전까지의 샷을 말하며, 볼을 최대한 홀컵 가까이 보내는 것이 목적이기 때문에 샷을 하기 전에 홀컵까지의 거리를 파악하는 것이 중요합니다.

　페어웨이 샷 역시 샷을 할 때 끝까지 척추각(core)을 유지하고, 양쪽 팔도 처음 그대로 유지하면서 스윙을 하는 것이 중요합니다. 이 때 볼의 위치는 가운데에 놓는 것이 좋으며, 원하는 거리에 맞는 크기로 스윙을 하면 되겠습니다.

러프 샷(Rough shot)

　러프 샷은 코스 내의 페어웨이 이외의 잔디가 긴 지역에서 정상적인 샷을 하기 어려운 경우에 하는 샷으로 잔디가 길기 때문에 볼을 정확하게 맞추기도 어려울뿐 아니라 긴 잔디의 저항 때문에 샷을 할 때 클럽의 헤드가 빠져 나가기 어렵습니다. 어드레스 할 때 발은 오픈 스탠스로 하고, 페이스를 조금 닫고, 볼은 오른발 바깥에 놓습니다. 클럽을 약간 단단하게 잡고, 오른손목을 꺾어 가파르게 올린 후에 볼을 조금 강하게 내려친 후 팔로우 스루는 하지 않도록 하면 좋은 결과를 얻을 수 있습니다.

벙커 샷(Bunker shot)

 벙커 샷은 코스 내에 난이도를 높여 경기의 흥미를 주기 위해 설치해 놓은 벙커에서 하는 샷입니다. 어드레스 할 때 양쪽 발은 스퀘어 스탠스로 하고, 클럽은 평소보다 조금 강하게 잡고, 볼은 오른쪽 발뒤꿈치에 놓는 것이 좋습니다. 파크골프장은 일반 골프장보다는 벙커의 난이도가 어렵지 않기 때문에 끝까지 볼을 바라보고 정확하게 임팩트 하면 좋은 결과를 얻을 수 있습니다.

퍼팅 샷(Putting shot)

2부/5장/03

 퍼팅은 각 홀에서 마지막으로 하는 샷으로 '퍼팅(putting)'이란 말은 가축의 엉덩이를 밀어 우리 안에 넣는다는 뜻의 'putt butt'에서 유래가 되었다는 말이 있으며, 티 샷부터 단계별 샷이 모두 다 중요하지만 퍼팅 샷 역시 1타이므로 어떤 면에서는 퍼팅이 가장 중요하다고도 할 수 있겠습니다.

퍼팅 그립(Putting Grip) 요령

 퍼팅의 그립 형태는 오버래핑그립(Overlapping Grip)과 역그립(Reverse Grip)등 몇 가지 방법이 있는데, 본 교재에서는 일반적으로 사용하는 오버래핑 그립을 기준으로 설명합니다. 퍼팅 그립 요령은 티 샷이나 어프로치 샷 등 보통 샷과 약간 차이가 있는데, 보통의 샷을 할 때와 마찬가지로 그립을 잡은 후에 그림과 같이 왼손의 검지로 오른손의 새끼 손가락부터 3개를 가볍게 감싸 쥐는 방법이 방향성이나 거리감 조절에 유리합니다.

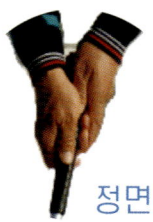
정면

좌측면
우측면

퍼팅 (Putting Grip) 자세

퍼팅의 자세는 개인의 체형이나 취향에 맞게 다양하게 할 수 있지만 일반적으로 다음과 같은 자세가 좋습니다.

① 볼의 위치는 왼쪽 눈의 수직 아래에 둡니다.
② 엉덩이는 뒤로 빼고, 허리는 곧게 폅니다.
③ 두 팔, 특히 오른쪽 팔은 옆구리에 붙입니다.
④ 거리에 따라 두 발의 넓이를 조절합니다.

퍼팅 스윙(Putting swing)

 퍼팅은 정확한 거리와 방향성이 중요한데 무엇보다 반드시 홀컵에 들어간다는 '자기 긍정'의 마음으로 홀컵 안으로 볼이 들어가는 모습을 상상하면서 다음과 같은 요령으로 스윙을 하면 좋습니다.

☞척추각을 그대로 유지하고 머리를 고정하고 시선은 볼을 바라봅니다.
☞왼 팔로 최대한 낮게, 천천히 테이크 백과 백스윙을 합니다.
☞오른쪽 손바닥으로 스트로크를 하되, 볼이 들어갈때까지 척추각을 유지하고 볼을 바라보면서 클럽 헤드를 홀컵 쪽으로 밀어줍니다. 스트로크 이후에는 볼을 따라 자연스럽게 고개를 옆으로 돌리는 것은 무방합니다.
☞일반 샷을 할 때와 마찬가지로 볼이 들어갈 때까지 피니쉬 자세를 유지하는 것이 좋습니다.

Tip : 역결잔디에서의 퍼팅 요령

우리가 퍼팅을 하게 되면 볼은 스트로크한 방향으로 똑바로 굴러가게 되지만 보통 홀컵을 지나고 나면 잔디가 역결이 될 경우가 있는데, 이 때는 정상적인 스트로크를 하면 볼이 잔디의 저항으로 인하여 잘 구르지 않게 되며, 특히 인조 잔디 그린에서는 볼이 '갈 지(之)'자 나 엉뚱한 방향으로 가는 경우가 있습니다. 이 때는 그림과 같이 오른발 쪽에 볼을 놓고 클럽 헤드를 약간 닫고 어드레스를 취한 후 러프에서와 같이 클럽 헤드를 약간 하향으로 자신있게 스트로크를 하면 볼의 회전을 억제하면서 정상적인 방향으로 가게 되어 좋은 결과를 얻게 됩니다.

MEMO

파크골프 플레이

6장

파크골프 에티켓과 매너

파크골프 에티켓과 매너에 대하여

　스포츠뿐만 아니라 사회생활을 하는데 있어 규칙만큼 에티켓을 지키는 것도 중요하다고 생각합니다. 파크골프도 에티켓을 준수하지 않는다고 해서 벌타를 부여하지는 않지만 경기를 할 때 중대한 에티켓을 위반할 경우에는 퇴장 또는 경기 실격 등의 불이익을 받을 수도 있기 때문에 이러한 불이익 여부와 상관없이 기본적인 에티켓을 준수하는 마음가짐이 필수적이라고 하겠습니다.

[표3-1] 샷 도중에 지켜야 하는 에티켓과 매너(1)

- 동반자는 팀당 3~4명으로 구성하여 효율적인 진행이 되도록 하고, 2명 이하일 경우에는 다른 사람과 합류하여 플레이합니다.
- 기본적인 복장과 용품을 갖추어 다른 사람에게 불쾌감을 주지 않아야 합니다.
- 샷을 하기 전에 연습 스윙은 한번만 하고, 자신의 이름과 타수를 말해서 기록에 착오가 없도록 합니다.
- 샷을 할 때는 클럽의 페이스로 볼을 쳐야 합니다.
- 원칙적으로 앞 조가 홀 아웃 하기 전에는 티 샷을 하면 안됩니다.
- 동반자 전원이 티샷이 끝날 때까지 앞으로 나가지 않습니다.
- 앞 조가 홀 아웃하기 전에 볼이 닿지 않을 만큼 거리가 충분히 확보되지 않은 경우에는 샷을 하지 않아야 합니다.
- 코스 내에서는 음주나 흡연, 돈내기, 도박성 경기 등을 하지 않습니다.
- 경기 중에 동반자에게 조언을 하거나 지도를 하지 않습니다.
- 나뭇가지를 꺾거나 꽃을 따는 일, 잔디를 훼손하거나 걷어 차는 일, 흙 모래를 치거나 가래침을 뱉는 일, 지나친 농담이나 욕설이나 음담 패설 등은 하지 않습니다.
- 플레이 도중에 성적이 좋지 않다고 해서 욕설이나 분풀이식 행동은 하지 않습니다.
- 볼이 홀에서 멀리 떨어져 있는 동반자가 먼저 샷을 합니다.
- 동반자가 어드레스를 취하고 나면 말을 하거나 옆에서 불필요한 동작을 하지 않습니다.
- 동반자가 샷을 할 때 앞지르기를 하거나 정면이나 후방 라인 상에 서서 그림자를 만드는 등 샷에 방해가 되지 않도록 합니다.
- 볼을 발로 건드리거나 밟는 행위 등은 하지 않습니다.
- 플레이 중에 위험 요소를 발견했을 때는 주변에 큰 소리 등으로 알려서 사고를 방지합니다.

[표3-1] 샷 도중에 지켜야 하는 에티켓과 매너(2)

- 동반자의 경기를 방해하거나 기물을 파손하는 등 중대한 에티켓을 위반한 경우 퇴장 또는 경기실격을 당할 수 있습니다.
- 코스 내에 있는 설치물과 수목을 클럽으로 치거나 발로 차지 않습니다.
- 벙커에서 나올 때에는 발자국 및 스윙 자국을 지웁니다.
- 동반자가 볼을 치고 나면 '굿샷', '나이스샷' 등의 격려를 해줍니다.
- 1홀이 끝나면 신속하게 홀을 벗어나 다음홀로 이동하여 다음팀이 시작할 수 있도록 수신호를 보내 줍니다.
- 해당 홀에서 자신이 타수가 '더블파'가 되면 볼을 경기를 중단하여 진행을 원활하게 도와줍니다.

[표3-2] 퍼팅할 때 지켜야 하는 에티켓과 매너

- 퍼팅은 홀컵에서 멀리 있는 사람부터 먼저 해야 합니다. 이 때 자신의 퍼팅 라인 전방에 동반자의 볼이 놓여 있을 경우에는 마크를 요구하고 나서 퍼팅을 합니다.
- 상황에 따라 홀컵에서 가까운 사람이 먼저 퍼팅을 할 경우에는 양해를 구하고 합니다.
- 동반자의 퍼트 라인을 밟지 않도록 주의합니다.
- 볼 마커 대신 낙엽 등으로 마크를 하면 안됩니다.
- 홀과 아주 가까운 거리의 퍼팅도 두 손 그립 상태로 하고 컵인 합니다.
- 홀 컵에 꽂혀 있는 깃대는 절대 뽑아 올리거나 손대지 말아야 합니다.
- 동반자 전원이 홀 아웃을 하기 전에는 그린 주변에 남아 있도록 합니다.
- 스코어 기록은 해당 그린 위에서 하지 말고 홀 아웃하고 다음 홀로 이동한 후에 합니다.

파크골프의 안전수칙에 대하여

모든 스포츠에서 안전은 매우 중요합니다. 특히 파크골프는 공원 주변 등에서 남녀노소 누구나 쉽게 즐길 수 있는 운동이고, 볼이 크고 무겁기 때문에 특히 안전에 신경을 써야 합니다.

[표3-3] 파크골프 안전수칙

- 운동을 시작하기 전에 워밍업이나 가벼운 스트레칭 등 준비 운동을 합니다.
- 파크골프장은 대부분 홀 간의 간격이 좁기 때문에 과격한 티 샷은 삼가고 샷을 할 때에는 항상 동반자와 국외자의 안전 여부를 확인하고 샷을 합니다.
- 먼저 샷을 한 동반자가 앞에 나가 있을 때는 샷을 해서는 안되며, 동반자 전원이 샷을 끝내기 전에는 먼저 앞으로 나가서는 안됩니다.
- 플레이 중 동반자나 국외자에게 위험이 예상될 때에는 즉시 "볼~", "조심하세요~", "위험~" 등 경고성의 큰소리로 알려서 안전사고를 방지합니다.
- 동반자나 자신의 볼이 다른 홀로 넘어갔을 경우에는 그 홀의 경기자의 상황을 살펴보고 안전을 확인한 후에 조치를 합니다.
- 플레이 중에는 잡담, 고성방가, 볼 앞 지르기, 지나친 어드바이스 등은 타인에게 방해는 물론 안전에도 영향을 미치기 때문에 삼가도록 합니다.
- 플레이 중 팀이 홀을 이동할 때는 앞 뒤 팀 간 일정한 간격을 유지합니다.
- 만약에 플레이 중에 안전사고가 발생되면 즉시 경기를 중단하고 먼저 응급조치부터 하고 경기 주관처에 알려서 처리하도록 한 후에 경기를 하도록 합니다.
- 혹 경기장 내에 안전을 해치는 요소가 발견되면 즉시 관리 요원이나 경기 주관처에 알려서 이를 해결토록 해야 합니다.

7장

파크골프 경기 규칙

파크골프 규칙이 왜 필요한가?

일반 골프와 마찬가지로 파크골프 역시 시합을 하거나 특별한 경우를 제외하고는 각자 자기자신이 정해진 규칙에 따라 플레이를 하고, 벌타를 적용할 때도 알아서 하는 스포츠입니다. 운동을 하다 보면 동반자와 거리가 떨어져 있는 경우가 많은데 오비 지역이나 러프 등 볼을 치기 어려운 상황에 놓였을 때 동반자 몰래 볼을 옮기고 싶은 충동에 빠지기 쉽습니다. 또 내로남불, 내가 하는 행동은 문제가 없고, 동반자가 하는 행동에 대해서는 엄격하게 규칙을 적용하고 싶은 욕심 때문에 동반자끼리 다투는 장면을 심심찮게 볼 수 있습니다. 그래서 다른 운동에 비해 일반골프와 파크골프 역시 고도의 정신수양(?)이 필요한 스포츠라고 생각합니다. 상대방에 대한 배려와 매너를 기본적인 덕목으로 하는 스포츠이며, 동반자에게는 관대하게, 자기자신에게는 엄격함을 요구하는 자세가 필요합니다. 파크골프는 일반 골프와 달리 모든 벌타를 2벌타로 하고 있는 것이 특징입니다. 가끔 파크골프에서 '1벌타' 라는 용어를 쓰는 경우가 있는데, 이는 엄밀히 말해 잘못된 표현이며 대부분 '1타 가산' 하는 경우를 말하며, 자세한 내용은 뒷부분에서 설명하도록 하겠습니다.

우리나라 사람들은 내기를 좋아하는데, 2벌타는 승부에 크게 작용을 할 수 있지요. 대게 파크골프장의 특성에 맞는 로컬 룰을 정하여 운영을 하고 있는데 가급적이면 특별한 상황을 제외하고는 원래의 규칙을 벗어나지 않도록 하는 것이 좋습니다. 로컬 룰 적용과 관련해서 종종 다툼이 발생하기도 하기 때문입니다.

어느날 서로를 몹시 아껴준다고들 하는 친구들이 골프를 하게 되었습니다. 한 사람이 드라이버 샷을 하였는데 그만 오비 구역 근처로 가고 말았습니다. 이것을 지켜보고 있던 동반자 한사람이 빠르게 뛰어가서 보니 볼이 오비 라인을 넘지 않은 것을 확인하고는 재빨리 발로 볼을 밟아서 흙 속에 묻어 버렸습니다. 이 때 볼을 친 사람이 볼을 찾아보니 보이지 않자 여기저기 찾는척 하다가 동반자 몰래 슬그머니 자기 호주머니 속에서 똑같은 볼 하나를 떨어뜨려 놓고 ' 아 여기 내 볼이 안나가고 있네...' 라고 하였습니다. 이 사람은 이런 경우를 대비(?) 해서 미리 바지 속에 구멍을 내 놓아 가랑이를 통해 동반자 몰래 볼이 잘 나오게 준비를 철저히 해 놓았던 것입니다.. 이런 행동을 소위 "알까기" 라고 하지요...

그 이후 그 친구들이 어떻게 되었는지는 필자도 잘 모르는 일입니다.

티 샷 규칙

3부/7장/02

　파크골프에서도 티 샷은 가장 긴장되는 순간이라고 할 수 있는데, 거리보다는 정확하게 볼을 치는 것이 중요하겠습니다.

　티 샷을 하기 위해 스탠스를 취할 때 양 발의 일부라도 티잉그라운드를 벗어나거나 티잉 그라운드 이외의 구역에 볼을 놓고 티 샷을 한 경우, 티 위에 볼을 놓지 않고 티 샷을 한 경우, 목표 방향을 정하는 표지물을 놓고 티 샷을 한 경우, 그리고 티 샷한 볼이 티잉그라운드 후면에 정지한 경우 등은 2벌타를 받아야 됩니다.

볼을 치기 위해 스윙을 하였을 때 볼이 조금이라도 움직였다면 1타 친 것으로 간주하고 볼이 정지된 지점에서 다음 샷을 해야 합니다.
(티샷 이후의 샷, 벙커샷, 러프샷 등의 경우 헛스윙 시에는 무벌타입니다.)
티 샷과 관련된 세부적인 규정에 대하여 살펴보도록 하겠습니다.

	상황	티 샷을 하기 위해 스윙을 하였는데 볼을 맞추지 못하고 바람의 영향으로 볼이 티에서 떨어졌다.
1	규칙	스윙을 하였기 때문에 바람에 의해 떨어졌다고 해도 1타를 가산하고 볼이 정지된 지점에서 2번째 샷을 해야 합니다. 만약 헛스윙만 하고 티에서 볼이 떨어지지 않았다면 무벌타로 다시 샷을 하면 됩니다.

	상황	앞서 티 샷을 한 동반자의 볼이 방해가 되어 마크를 요구하였다.
2	규칙	티 샷을 할 경우에는 동반자의 볼에 대하여 마크를 요구할 수 없습니다.

제 2타 이후 샷의 규칙

파크골프에서 티 샷 이후의 샷은 일반 골프에서와 같이 아주 다양한 기술을 요하지는 않지만 좋은 스코어를 내기 위해서는 몇 가지 기술에 대한 학습이 필요하며, 특히 모든 벌타가 2벌타임을 생각할 때 규정을 잘 이해하고 정확한 샷을 하도록 노력해야 하겠습니다.

상황
풀에 파묻힌 볼을 움직여서 자신의 볼인지를 확인하였다.

3 규칙
볼이 풀에 파묻혀 있더라도 있는 그대로 샷을 해야 하며, 볼을 움직였기 때문에 2벌타를 부과합니다.

러프에서 손으로 꺼내었다.

상황
풀에 파묻힌 볼에 접근하다가 무심결에 볼을 밟았다.

4 규칙
무심결에 밟은 행위는 무의식적인 행위이므로 벌타를 부여하지 않고 볼은 원래의 지점으로 이동시켜 샷을 하면 됩니다.

5	상황	2번째 샷을 할 때 동반자의 볼을 치고 말았다.
	규칙	동반자의 볼을 쳤기 때문에 2벌타를 부과하고 다시 자신의 볼을 치도록 합니다. 이때 동반자는 동반자 자신의 볼이 있었던 원래 지점으로 원위치하여 경기를 해야합니다.

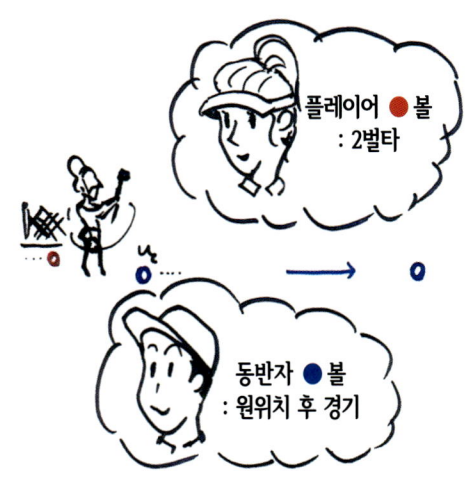

6	상황	페어웨이에서 2명이 동시에 스트로크를 하여 볼이 충돌하였다.
	규칙	샷의 순서에 따라 1명의 경기자가 먼저 샷을 하여 경기자의 볼이 움직이는데 다음 경기자가 볼을 맞춘 경우이기 때문에 뒤에 샷을 한 경기자에게 2벌타를 부과합니다. (2021. 9. 15 개정)

	상황	스트로크를 하였는데 볼이 다른 홀에서 넘어온 볼에 맞았다.
7	규칙	자신의 볼이 움직이고 있을 때 다른 홀에서 넘어 온 볼에 맞았으므로 벌타 없이 볼이 정지된 지점에서 다음 샷을 합니다.

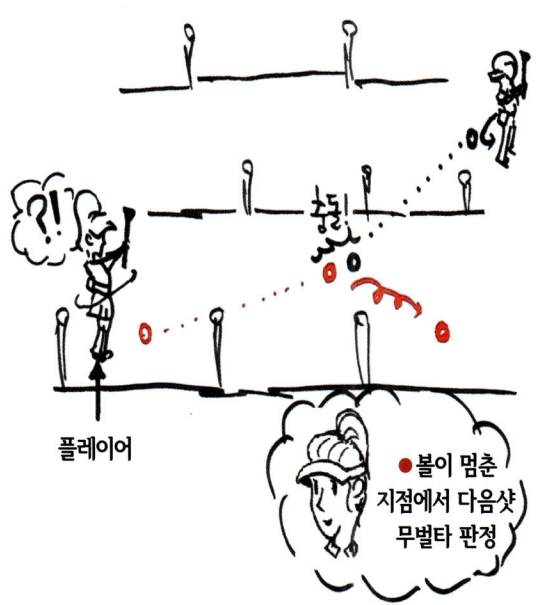

	상황	어드레스 후 클럽헤드를 볼에 대면서 볼을 건드려 움직였다.
8	규칙	스트로크 한 것으로 간주하여 1타를 가산합니다.

9	상황	샷을 한 볼이 굴러가다가 정지된 동반자의 볼에 맞았다.
	규칙	벌타는 없으며, 자신의 볼이 정지된 지점에서 다음 샷을 하면 되고, 동반자의 볼은 원위치합니다.

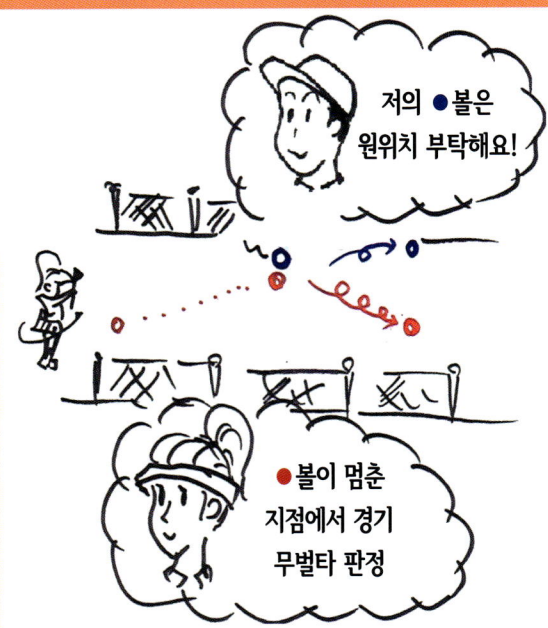

10	상황	동반자에 의하여 충돌 등으로 움직여진 볼을 그대로 샷 하였다.
	규칙	움직여진 볼을 원위치하지 않았으므로 2벌타를 부과하고 1타를 가산하여 볼이 정지된 지점에서 다음 샷을 하여야 합니다.

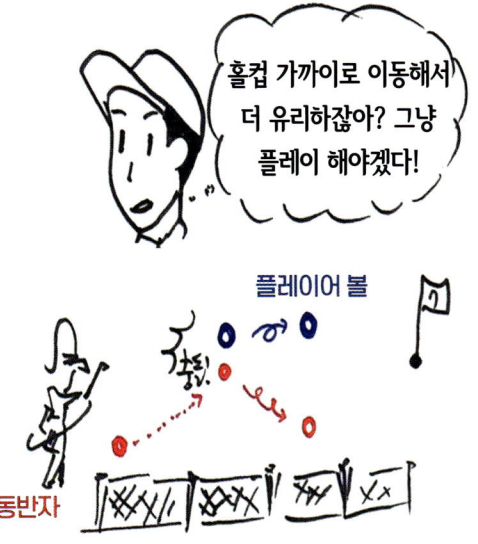

11	상황	벙커 내의 일시적인 물웅덩이에 볼이 들어가서 벙커 밖의 홀컵과 가깝지 않은 지점에 볼을 놓으려고 하는데 동반자가 제지하였다.
	규칙	벙커 밖으로 구제하는 것은 불가능하며 벙커 내에서 캐주얼워터를 피해 볼이 정지된 지점보다 홀컵과 가깝지 않은 지점에서 볼을 놓고 샷을 할 수 있습니다.

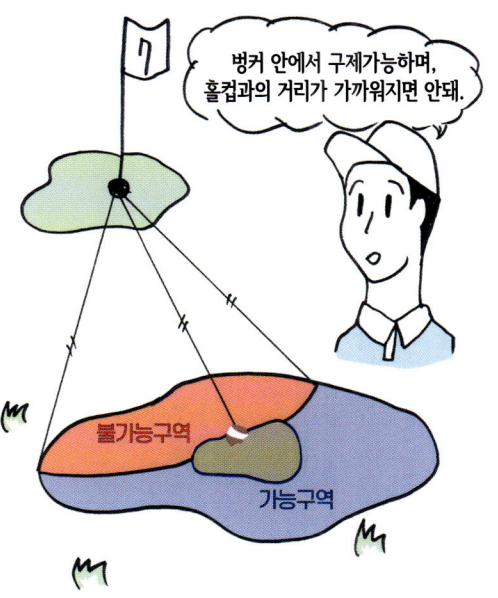

12	상황	목표 방향에 고정 장애물이 있어 구제를 요청하였다.
	규칙	움직일 수 없는 고정 장애물은 구제가 안되므로 그대로 샷을 해야 합니다.

13	상황	볼이 OB 말뚝에 바짝 붙어 있어 말뚝을 뽑은 후 볼을 쳤다.
	규칙	OB 말뚝이나 OB 라인은 움직일 수 없는 장애물이므로 2벌타를 부과하고 1타를 가산하여 볼이 정지된 지점에서 다음 샷을 해야 합니다.

말뚝 뽑고 샷 하였음.

14	상황	수목에 의해 스트로크가 어려워 나뭇가지를 걷어올리거나 꺾은 후 샷을 했다.
	규칙	볼이 있는 그대로 샷을 해야 하므로 2벌타를 부과하고 1타를 가산하여 볼이 정지된 지점에서 경기를 해야 합니다.

수목 꺾고 샷 하였음.

| 상황 | 볼이 워터 해저드에 들어가 언플레이어블 상황이 되었다. |

15 규칙: 언플레이어블 상황이기 때문에 2벌타를 부과하고 볼이 위치한 곳에서 좌,우측 방향으로 홀컵에 가깝지 않은 2클럽 이내 지점에 놓고 플레이 합니다. (별도의 표식이 있는 경우에는 그 지점에서 볼을 놓고 플레이 합니다.)
(2021. 9.15 개정)

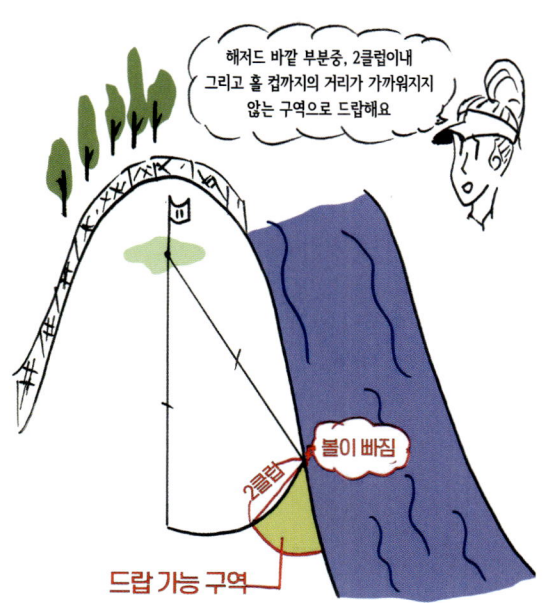

| 상황 | 안전망 부근에서 백스윙을 하면서 안전망을 건드렸다. |

16 규칙: 백스윙을 하면서 안전망을 건드렸을 경우는 스윙을 하는 도중에 의도치 않게 주변 상황이 개선된 경우이기 때문에 무벌타를 적용합니다.

	상황	OB가 발생한 볼을 찾지 못하였다면 OB와 분실구의 벌타는 중복이 되어 4벌타가 되는가?
17	규칙	OB가 난 지점에서 볼은 경기가 중지된 볼로 보아 분실구에 대한 벌타는 부여하지 않고 OB에 대한 2벌타만 부과하며 예비 볼로 볼이 나간 지점에서 OB 처치를 하면 됩니다.

	상황	OB 라인이 지면에 떠 있어서 이를 밟고 샷을 하였다.
18	규칙	움직일 수 없는 장애물인 OB라인을 개선하였지만 개정된 규칙에 의하여 벌타 없이 볼이 정지된 지점에서 다음 샷을 하면 됩니다. (2021.9.15 개정)

	상황	볼이 안전망 가까이에 붙어 있어 망을 넘어가서 샷을 하였다.
19	규칙	무벌타로 해당 타수 1타만 가산하고 볼이 정지된 지점에서 다음 샷을 하면 됩니다.

	상황	안전망에 볼이 붙어 있어 망의 안쪽에서 네트와 함께 샷을 하였다.
20	규칙	움직일 수 없는 장애물을 훼손한 행위에 대한 2벌타를 부과하고 샷에 대한 1타를 가산하여 볼이 정지된 지점에서 다음 샷을 해야 합니다.

상황	벙커에서 샷을 하기 좋게 하기 위해 볼 주변을 정리하고 샷을 하였다.

21 규칙	샷을 하기 좋게 라이개선을 하였기 때문에 2벌타를 부과합니다. 이 때 클럽의 헤드가 모래에 살짝 닿는 것은 무벌타이지만 헤드로 모래를 누르는 것은 마찬가지로 2벌타를 부과합니다.

그림 이외의 아래와 같은 경우에도 2벌타를 부과받게 됩니다.

☞홀을 잘못 진입하여 경기한 경우(1개 홀 당 2벌타 적용)
☞클럽의 샤프트나 그립의 끝으로 볼을 치는 행위
☞백스윙을 하지 않고 클럽으로 볼을 밀어내거나 퍼올리거나 끌어당기는 행위(벙커에서도 동일)
☞샷이 불가능한 상황에서 언플레이어블 볼을 선언하지 않고 클럽으로 잡아당기는 등의 샷을 한 경우
☞러프 등에서 볼 주변의 긴 풀을 정리하고 샷을 하는 경우
☞볼이 수로에 빠져 움직이고 있는데 볼을 쳐내는 경우
☞3분 이상 경기를 지연하거나 앞 조와의 간격이 2홀 이상 벌어진 경우
☞볼이 홀컵에서 2클럽 이상의 거리에 있을 때 동반자에게 통보하지 않고 임의로 마크한 경우 등의 경우에도 2벌타를 부과받게 됩니다.

볼과 관련된 규칙

다음은 볼과 관련된 벌타 규정에 대해 살펴보도록 하겠습니다.

☞샷한 볼이 OB가 나거나 분실하였을 경우
☞샷한 볼이 OB가 났는데 볼을 찾지 못하였을 경우(4벌타가 아님)
☞볼이 OB 경계선을 나간 지점보다 홀컵 가까이 볼을 놓거나 2클럽 이상 떨어진 곳에 볼을 놓고 샷을 한 경우
☞OB 여부가 애매한 지점에서 동반자나 심판(기록원)의 확인 절차 없이 샷을 한 경우(4벌타 부과함 : OB 2벌타 + 확인 준수 위반 2벌타)
☞클럽헤드에 볼이 2회 이상 연속(드리블)해서 맞았을 경우
☞동반자에게 알리지 않고 볼을 집어올린 경우 (다만, 볼을 주워도 되거나 방해물의 제거 등 규칙에서 인정하는 경우에는 예외로 합니다.)
☞언플레이어블 상황에서 볼이 있던 장소보다 홀컵 가까이 볼을 놓거나 2클럽 이상 떨어진 곳에 볼을 놓고 샷을 한 경우
☞긴 풀에 파묻힌 볼을 들어 올리거나 움직여서 자신의 볼인지를 확인하는 경우
☞일부러 클럽이나 발 등으로 볼을 움직인 경우
☞샷을 한 볼이 자신의 몸에 맞은 경우
☞경사면에 등에서 움직이는 볼을 클럽이나 발 등으로 막은 경우

| 상황 | 볼이 맘에 들지 않아 임의로 교체하여 샷을 하였다. |

22 규칙: 동일한 코스 내에서 임의로 볼을 교체하였기 때문에 2벌타를 부과하고 1타를 가산하며 교체된 볼은 경기 중인 볼이 되므로 볼이 정지되었던 지점에서 다음 샷을 해야 합니다.

| 상황 | 어드레스한 후 클럽 헤드가 볼에 닿아서 볼이 움직이기 시작하여 OB 라인을 넘어버렸다. |

23 규칙: 볼이 움직였기 때문에 스트로크 한 것으로 간주하며, OB가 났으므로 따로 2벌타를 부과하고, OB 처치를 하여야 합니다. 타수는 총 3타가 됩니다.

	상황	날아온 비닐봉지 위에 볼이 멈추어져 있다.
24	규칙	비닐봉지는 움직일 수 있는 장애물이기 때문에 무벌타로 하며 동반자에게 양해를 얻어 비닐봉지를 치운 후 샷을 합니다.

	상황	볼 위에 있는 나뭇가지를 제거하다가 볼이 약간 움직였다.
25	규칙	움직일 수 있는 장애물이므로 벌타없이 볼이 원래 있었다고 예상되는 지점에 볼을 놓고 경기를 하면 됩니다.

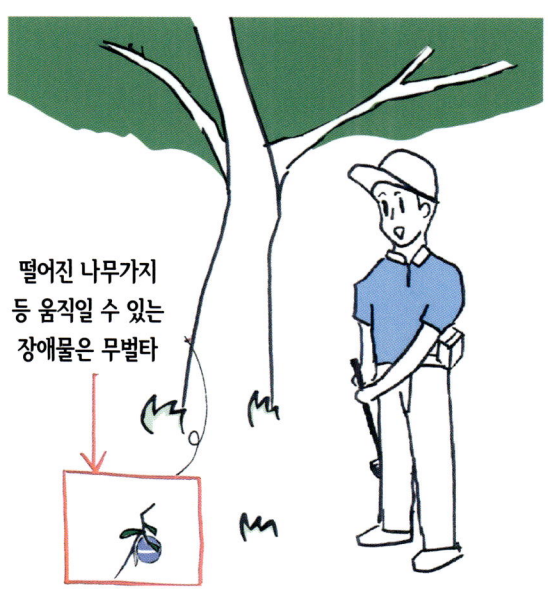

26	상황	우천 시 페어웨이에 있는 볼에 이물질이 붙어 있어 임의로 마크를 하고 이물질을 제거하였다.
	규칙	임의로 마크를 하였으므로 2벌타를 부과합니다. 우천 시에는 동반자의 동의를 받아 마크한 후 이물질을 제거해도 되는 것으로 로컬룰로 정하여 공지하는 것이 좋습니다.

27	상황	20m 이상 떨어져 있다고 생각되는 자신의 볼에 마크를 요구 받았다.
	규칙	마크의 요구는 20m 이내에 있을 때는 가능하며, 20m 이상은 경기 진행 속도를 지연시킬 수 있기 때문에 마크를 해서는 안됩니다. 하지만 만약 20m 이내에 볼이 있을 때에는 마크 요구에 응하지 않으면 2벌타를 부과합니다.

| 상황 | 안전망에 볼이 붙어 있어 망을 걷어 올린 후 샷을 하였다. |

안전망을 나무에 걸어올리고 샷 하였음.

| 27 규칙 | 볼을 치기 위해 주변 상황을 개선하였기 때문에 2벌타를 부과하고 1타를 가산하여 볼이 정지된 지점에서 다음 샷을 해야 합니다. |

그린에서의 규칙

다음은 그린에서의 벌타 규칙에 대해 살펴보도록 하겠습니다.
☞깃대를 뽑고 퍼팅을 하는 경우
☞마크를 하지 않고 볼을 집어 올리거나 볼을 놓기 전에 마커를 집어 올리는 경우
☞동반자가 마크를 요구하지 않았는데 볼을 임의로 집어 올리는 경우
☞홀컵과 가깝거나 볼의 앞쪽이나 옆에 마크를 했을 경우
☞볼 마커를 좌우로 이동한 뒤에 원위치 하지 않고 그대로 퍼팅을 한 경우
☞퍼팅을 좋게 하기 위해 클럽 등으로 라이를 개선하는 행위
☞퍼팅에 방해가 되어 동의 없이 임의로 볼을 움직이는 경우

29	상황	그린 위의 예비 홀 컵에 볼이 걸쳐 있어서 구제를 요청하였다.
	규칙	이와 관련된 구제 처치 길이 기준은 다음과 같습니다. (2021. 9.15 개정) • OB, 분실구, 워터해저드, 수리지, 배수구, 스프링클러 : 2클럽 이내 • 예비 홀컵 위, 볼 마커 이동 시 : 클럽헤드 2개 길이 이내

30	상황	그린 위에서 동반자가 마크를 요구하였는데 퍼팅에 방해될 것 같아 배려차원에서 임의로 내 볼의 마커를 좌로 이동하였다.
	규칙	동반자의 요구 없이 이동하였으므로 2벌타를 부과합니다.

31	상황	샷의 순서에 따라 서로 다른 위치에서 동시에 퍼팅을 하여 볼이 부딪혔다.
	규칙	1명의 경기자가 먼저 퍼팅을 하여 경기자의 볼이 움직이는데 다음 경기자가 거의 동시에 퍼팅을 하여 볼을 맞춘 경우라면 뒤에 샷을 한 경기자에게 2벌타를 부과합니다. (2021. 9.15 개정)

32	상황	그린에서 컵인을 하지 않고 다음 홀로 가서 티 샷을 하였다.
	규칙	컵인을 하지 않았기 때문에 실격처리 되고 단, 로컬룰로 정하여 더블파를 적용할 경우에는 더블파 타수로 기록합니다.

8장

파크골프 용어 및 패널티 조건표

파크골프의 용어

3부/8장/01

파크골프에는 다양한 용어가 있는데 '가나다'순으로 용어를 정리하였으니 참고하시기 바랍니다.

[표3-4] 파크골프의 일반용어

구분	용어	해설
1	경기자, 동반자 / 국외자	플레이어를 경기자라고 하며, 함께 플레이 하는 사람은 동반자, 그 외 3자, 동물, 물건 등은 국외자라 합니다.
2	굿 샷 (Good shot)	경기 중 좋은 샷을 했을 때 동반자가 격려, 칭찬해 주는 말로 나이스 샷, 뷰티 풀 샷이라고 해도 무방함
3	그린 피 (Green fee)	파크골프장 출입 시 유료 입장료
4	그린 (Green)	홀 컵 중심 주변 직경 5m 정도의 넓이로 짧게 깎은 잔디로 조성
5	그립(Grip)	고무나 가죽으로 된 클럽의 손잡이 부분, 골프채를 잡는 동작
6	나이스샷 (Nice shot)	굿 샷(Good shot)과 같은 뜻의 용어
7	나이스 온 (Nice on)	샷한 볼이 그린 위에 잘 올라갔을 때 동반자가 칭찬.격려하는 말
8	나이스 인 (Nice in)	퍼팅 한 볼이 홀인 되었을 때, 동반자가 칭찬. 격려해주는 말
9	다운 블로우 (Downblow)	클럽 헤드로 볼을 내려치는 동작 (반대: 어퍼 블로우 Upperblow)
10	다운 스윙 (Downswing)	백스윙 단계가 끝난 후 볼을 치기 위해 클럽을 아래로 내려오게 하는 동작

구분	용어	해설
11	도그레그 (Dog-leg)	페어웨이가 좌측 또는 우측으로 휘어진 홀
12	드로우 샷 (Draw shot)	볼이 오른쪽에서 출발하여 왼쪽으로 부드러운 곡선을 그리며 떨어지게 하는 스윙 동작
13	디봇 (Divot)	클럽헤드 등에 의하여 잔디가 패인 곳
14	라운드 (Round)	골프장을 돈다는 뜻으로 파크골프 경기를 한다는 의미
15	라이(Lie)	볼이 지면에 놓여 있는 상태, 또는 클럽의 샤프트가 지면과 이루는 각도
16	라인 업 (Line up)	목표 홀을 향해 몸을 정렬하는 것
17	러프 (Rough)	잔디가 페어웨이 보다 풀이 긴 구역
18	러닝 어프로치 (Running approach)	그린에 볼을 굴려 안착(on) 시키는 일
19	레이 아웃 (Layout)	조성한 코스내의 홀의 배치 실태
20	레이 업 (Lay up)	어려운 상황의 다음 샷을 잘 하기 위하여 볼을 좋은 위치에 갖다 놓기 위해 안전하게 치는 샷 동작
21	로브 샷 (Lob shot)	의도적으로 볼을 높이 띄우는 샷
22	로스트 볼 (Lost ball)	분실구
23	로컬 룰 (Local rule)	기본적인 규칙 외에 파크골프장 자체적으로 정한 규칙
24	로프트 (Loft)	클럽페이스와 샤프트와의 각도
25	롱 홀 (Long hole)	Par 5 홀 등 장거리 홀
26	리플레이스 (Replace)	움직였거나 집어 올린 볼을 원위치에 다시 갖다 놓는것
27	마크 (Mark)	동반자가 요청에 따라 볼을 잠시 옮기면서 볼 위치를 표시하는 것

구분	용어	해설
28	매너 (Manner)	경기자가 지켜야 하는 예절
29	멀리건 (Mulligan)	첫 홀에서 샷을 실수했을 때 동반자의 양해를 얻어 벌타 없이 다시 샷을 하게 하는 것
30	미스샷 (Miss shot)	실수한 샷
31	백스윙 (Backswing)	어드레스 후 샷을 하기 위해 클럽을 들어 올리는 동작
32	벙커 (Bunker)	코스의 난이도와 변화를 주기 위해 일부러 만든 모래 웅덩이
33	샤프트 (Shaft)	파크골프 채의 헤드와 그립을 연결한 부분
34	샷건 (Shot gun)	모든 홀에서 신호에 따라 동시에 플레이를 하는 경기
35	샷 (Shot)	클럽으로 볼을 치는 동작
36	서든 데스 (Sudden death)	동 타수일 경우 연장전에서 낮은 타수로 승부를 결정하는 경기 방식, 플레이오프(play off) 와 같은 뜻임
37	수리지	코스 내에 수리 등으로 인하여 플레이를 금지하는 구역, 말뚝과 흰 선으로 표시
38	스웨이 (Sway)	샷을 할 때 몸의 중심부가 옆으로 움직이는 것
39	스윙 (Swing)	볼을 치기 위해 클럽을 휘두르는 동작
40	스퀘어 그립 (Square grip)	스트롱 그립과 위크 그립의 중간 그립 형태
41	스탠스 (Stance)	어드레스를 하기 위해 양 발의 위치를 정하여 서는 동작
42	스트로크 플레이 (Stroke play)	전체 경기가 끝난 후 가장 적은 타수로 승자를 결정하는 방식

구분	용어	해설
43	스트로크 (Stroke)	클럽으로 볼을 치는 동작
44	아웃-인 (Out-in)	다운스윙 도중 클럽의 헤드가 목표 방향과의 평행선 보다 밖에서 안쪽으로 들어오는 스윙 궤도
45	어드레스 (Address)	볼을 치기 위해 기본 자세를 취하는 것
46	어드바이스 (Advice)	동반자에게 영향을 주는 조언이나 지도, 잔소리, 코멘트 등
47	어프로치샷 (Approach shot)	그린 주변의 가까운 거리에서 하는 샷
48	언더파 (Under par)	기준 타수보다 적게 친 타수의 스코어, 반대 용어는 오버 파임
49	언플레이어블 (Unplayable)	볼이 해저드나 긴 풀 등에 들어가 플레이를 할 수 없는 상황
50	오비 (OB)	긴 풀, 도랑, 말뚝, 끈, 그물망 등 플레이가 불가능하다고 판단하여 정해 놓은 벌타 구역
51	오구	다른 동반자의 볼
52	오너 (Owner)	같은 조에서 제일 먼저 티 샷 할 권리를 얻은 사람
53	옮길 수 없는 장애물	나무 지주, 배수구 뚜껑, OB 말뚝, 화단 담장 등 고정되어 움직일 수 없는 장애물
54	옮길 수 있는 장애물	낙엽, 동물배설물, 벌레 등 한손으로 옮길 수 있는 장애물
55	워터 해저드 (Water hazard)	바다, 하천, 연못, 배수로 등의 구역(물의 존재 유무에 관계 없음)
56	인-아웃 (In-out)	다운스윙 도중 클럽의 헤드가 목표 방향과의 평행선 보다 안에서 바깥 쪽으로 보내는 스윙 궤도
57	임팩트 (Impact)	클럽의 헤드로 볼을 정확하게 맞추는 것

구분	용어	해설
58	잠정구	샷한 볼이 분실 또는 OB가 될 우려가 있을 때 잠정적으로 한 번 더 치는 볼
59	출발표지판	각 홀마다 해당 코스의 기본 제원을 적어 표시해 놓은 안내판
60	카드 (Card)	스코어 카드의 준말
61	캐주얼 워터 (Casual water)	소나기 등 예상하지 못한 상황으로 인하여 코스에 물이 고여 있는 상태
62	컵인, 홀인 (Cup in, Hole in)	샷을 한 볼이 홀 컵 안으로 들어가는 것
63	코스 (Course)	파크골프 경기를 하는 파크골프장 전체
64	코킹 (Cocking)	백스윙을 할 때 손목을 위로 살짝 꺾는 동작
65	클럽 (Club)	파크 골프채(그립, 샤프트, 헤드로 구성)
66	클럽하우스 (Club house)	파크골프장 입구에 있는 사무실과 휴게실 등이 있는 건물
67	테이크 백 (Take back)	백스윙을 하기 위해 클럽을 뒤로 움직이는 동작
68	트러블샷 (Trouble shot)	볼을 치기 어려운 상태에서 샷을 하는 동작
69	티 마커 (Tee marker)	티잉 그라운드에서 볼을 놓고 샷 하는 지점을 표시하는 물체
70	티 샷 (Tee shot)	티잉 그라운드에서 티 위에 있는 볼을 제 1타로 치는 샷
71	티 (Tee)	티 샷을 하기 위해 볼을 올려 놓는 용구
72	티잉그라운드 (T/G)	각 홀의 출발 장소, 티 박스라고도 함

구분	용어	해설
73	팔로우스루 (Follow through)	임팩트 후에 클럽의 헤드가 목표 방향으로 피니쉬까지 가는 단계
74	패널티 (Penalty)	규칙위반으로 벌타를 부과하는 것
75	퍼트 (Putt)	그린 가까운 거리를 볼을 쳐서 홀인 시키는 것, 퍼팅과 같은 말
76	펀치 샷 (Punch shot)	볼의 바로 뒤를 내리 찍어 치는 타법, 보통 러프 샷 할 때 사용함
77	페어웨이 (Fairway)	티잉 그라운드, 러프, 벙커, 그린 등을 제외한 잔디가 고르게 조성되어져 있는 구역
78	페이드샷 (Fade shot)	볼이 왼쪽에서 출발하여 오른쪽으로 부드러운 곡선을 그리며 떨어지게 하는 스윙 동작
79	플레이 상황의 볼	플레이하는 동안 사용하는 볼
80	플레이어 (Player)	경기장에서 플레이를 하는 경기자
81	피니쉬 (Finish)	임팩트 이후 팔로우 스루를 마치고 스윙이 끝난 상태
82	핀(Pin)	각 홀의 표시로 홀 컵 중앙에 세우는 깃대
83	하프 스윙 (Half swing)	전체 힘의 1/2만 하는 스윙
84	해저드 (Hazard)	물이 고여 있는 웅덩이 등의 장애물 지역
85	핸디캡 (Handicap)	실력이 차이가 나는 플레이어들과 동등한 조건에서 경기를 할 수 있도록 배려하는 허용 타수
86	홀 아웃 (Hole out)	경기를 끝내는 것

파크골프의 패널티 조견표

파크골프의 여러 가지 상황에 따른 패널티는 다음 표와 같습니다.

[표 3-5] 파크골프의 패널티 조견표

구분	상 황	패널티
1	경기 시작 후에 도착하였다.	실격
2	경기장에서 경기 전이나 경기 중에 연습 스트로크를 하였다.	실격
3	규칙 적용을 배제하거나 부여받은 벌타를 면제하기로 합의하였다.	실격
4	움직일 수 있는 장애물을 제거하다가 볼이 움직였다.	-
5	볼 가까이에서 무심코 휘두르다 클럽이 볼에 맞아 움직였다.	1타 가산
6	티 샷에서 헛스윙을 한 경우	-
7	두 번째 샷을 하기 위해 백스윙 도중에 볼이 움직여 스윙을 멈추었을 경우	-
8	어드레스(2타 째 이후) 했더니 볼이 움직였다.	1타 가산
9	플레이 도중 볼을 좋은 라인에 옮겨서 쳤다.	2벌타
10	볼에 흙이 묻어서 동반자에게 알리지 않고 닦고 쳤다.	2벌타
11	룰에 따라 볼을 주워 흙 등을 닦았다	-
12	티 그라운드의 구역 밖에서 쳤다.	2벌타
13	플레이의 타 순을 잘못했다.	-
14	방향을 정하기 위해 표식을 놓고 쳤다.	2벌타
15	스윙에 방해가 되어서 나뭇가지를 꺾어서 쳤다.	2벌타
16	움직이고 있는 볼을 쳤다.	2벌타
17	볼의 전 후 잔디를 밟아서 치기 좋게 했다.	2벌타
18	벙커 고르게를 치우려 하다가 볼이 움직였다.	-
19	경기 중에 볼에 흠이 있어 누구에게도 알리지 않고 바꾸었다.	2벌타
20	헤드로 볼을 연속하여 2번 타격(더블) 하였다.	2벌타

구분	상 황	패널티
21	네트를 먼저 맞추면서 동시에 볼을 쳤다.	2벌타
22	다른 동반자의 볼로 플레이 했다.	2벌타
23	볼을 동물이 물고 갔다.	-
24	볼이 국외자에 의해서 방향이 바뀌었다.	-
25	볼이 동반자에게 맞았다.	-
26	볼이 자신의 몸에 맞았다.	2벌타
27	클럽으로 퍼팅 라인을 다듬고 쳤다.	2벌타
28	마크를 제대로 하지 않고 스트로크 했다	2벌타
29	어드레스 하고 나서 볼을 치려고 하는데 볼이 저절로 움직였다.	1타 가산
30	언플레이어블을 선언하였다.	2벌타
31	경기중에 동반자에게 조언을 하였다.	- (에티켓)
32	클럽의 샤프트나 그립의 끝으로 볼을 쳤다.	2벌타
33	백스윙 없이 밀어내기, 퍼올리기, 끌어당기기를 하였다.	2벌타
34	티잉그라운드를 약간 벗어난 스탠스로 티 샷을 하였다.	2벌타
35	연습 스윙을 하다가 의도하지 않았는데 볼이 티에서 떨어졌다.	-
36	티 샷시 클럽헤드에 살짝 맞거나 헛스윙으로 볼이 티에서 떨어졌다.	1타 가산
37	티 위에 볼을 놓지 않고 바닥에 볼을 놓고 티 샷을 하였다.	2벌타
38	티 샷을 한 볼이 티잉그라운드 후면에 정지하였다.	2벌타(OB)
39	티 샷을 하기전에 2회 이상 연습 스윙을 하였다.	- (매너)
40	볼 주변의 움직일 수 없는 장애물을 옮기고 샷을 하였다.	2벌타
41	나무 밑의 볼을 백스윙 없이 클럽으로 끌어당기는 샷을 하였다.	2벌타
42	긴 풀에 파묻힌 볼을 움직여 자신의 볼인지 확인하였다.	2벌타
43	볼에 접근하여 고의로 볼을 움직였다.	2벌타
44	볼에 접근하여 무심결에 볼을 밟았다.	-
45	경사면에서 움직이는 볼을 클럽 또는 발로 막았다.	2벌타
46	동반자에 의하여 충돌로 움직여진 볼을 원위치하지 않고 샷을 하였다.	2벌타

구분	상 황	패널티
47	같은 코스 내에서 임의로 볼을 교체하였다.	2벌타
48	세컨드 샷 이후부터 동반자의 볼로 샷을 하였다.	2벌타
49	1번 홀의 거치대에서 다른 경기자의 볼로 티 샷을 하였다.	-
50	볼에 금이 가서 알리고 교체하였다.	-
51	마크 요구가 없는데 볼을 임의로 집어올려 이물질을 제거하였다.	2벌타
52	볼을 먼저 집어올린 후에 마크하였다.	2벌타
53	마크할 때 홀컵과 가깝게 볼 앞쪽 또는 옆에다 마크를 하였다.	2벌타
54	그린에서 퍼팅에 방해되어 볼을 임의로 좌,우로 이동을 하였다.	2벌타
55	그린에서 볼 마커를 좌,우로 이동한 후 원위치하지 않고 퍼팅하였다.	2벌타
56	마크하는 도중에 볼을 건드렸다.	-
57	티 샷할 때 동반자의 볼에 대해 마크를 요구하였다.	- (요구불가)
58	20m 이상 거리에 있는 동반자의 볼에 대해 마크를 요구하였다.	- (요구불가)
59	볼 주변 있는 낙엽, 작은돌, 나뭇가지, 비닐봉지 등을 치웠다.	-
60	OB 말뚝(라인)을 잠시 뽑아 놓고 샷을 하였다.	2벌타
61	안전망을 신체의 일부분으로 걷어 올리고 샷을 하였다.	2벌타
62	깊은 러프에서 볼 주변의 긴풀을 정리하였다.	2벌타
63	깊은 러프에서 샷을 하였는데 볼은 맞추지 못하고 긴풀만 쳤다.	1타 가산
64	배수구나 예비 홀컵 위에 볼이 걸쳐 있었다.	- (구제)
65	샷을 하는 목표 방향에 고정장애물이 있었다.	- (구제안됨)
66	OB 경계를 나간 지점에서 홀컵에 가깝게, 또는 2클럽 이상 볼을 놓고 다음 샷을 하였다.	2벌타 (OB별도)
67	OB 여부가 애매한 지점에서 동반자 또는 심판의 확인없이 샷을 하였다.	4벌타
68	OB의 라인이 샷에 지장이 있어 밟고 샷을 하였다.	- (2021 개정)
69	언플레이어블 상황에서 볼이 있던 장소에서 홀컵과 가깝게 볼을 놓고 샷을 하였다.	2벌타
70	2클럽 이내로 처치 시 샷을 할 위치가 없어서 티잉 그라운드 방향으로 가장 근접한 곳에 볼을 놓고 샷을 하였다.	-

구분	상 황	패널티
71	경기 도중에 볼을 분실하였다.	2벌타
72	OB 난 볼을 분실하였다.	2벌타
73	앞조와의 간격이 2개 홀 이상 벌어지게 하였다.	2벌타 (전원)
74	볼을 백스윙 없이 퍼올리기 또는 밀어내거나 당기기 하였다.	2벌타
75	볼 주변의 모래를 고르거나 눌러서 샷을 하기 좋게 하였다.	2벌타
76	캐주얼 워터에 볼이 빠졌을 때 홀컵 가까이 볼을 놓고 샷을 하였다.	2벌타
77	벙커 내 물웅덩이에 볼이 들어갔을 때 샷이 어려워 벙커 밖으로 볼을 꺼내놓고 샷을 하였다.	2벌타
78	워터 해저드에 볼이 빠졌다.	2벌타
79	수로에 빠져 움직이고 있는 볼을 쳐내었다.	2벌타
80	홀을 잘못 진입하여 경기를 하였다.	2벌타 (1홀당)
81	홀컵에서 2클럽 이상의 거리에 있는 볼을 임의로 마크하였다.	2벌타
82	홀컵에 가까이 있는 볼을 무의식적으로 집어올렸다.	2벌타
83	홀컵에 가까이 있는 볼을 한손으로 퍼팅하였다.	- (매너)
84	깃대를 뽑고 퍼팅하였다.	2벌타
85	컵인으로 홀아웃을 하지 않고 다음 홀에서 경기를 하였다.	실격
86	스코어 카드에 실제 타수보다 적게 기록하였다.	실격
87	스코어카드에 서명하지 않았다.	실격 (해당자만)

1. 파크골프 시험문제

2. 2025년도 체육지도자
   자격검정 안내

3. 전국 파크골프장 현황

4. 대한파크골프협회
   경기규칙 변경 내용

1

파크골프 시험문제

[파크골프 시험문제]

1. 파크골프에 대한 설명 중 옳은 것은?
① 파크골프는 일반 골프에 비해 운동시간이 적어 절대운동량이 부족하다.
② 파크골프장의 1개코스는 9홀로 구성되어 있으며, 기준타수는 36타이다.
③ 파크골프는 일반골프를 모방하여 서구지역에서 탄생하였으며, 국내는 2004년 여의도 파크골프장이 조성되어 보급되기 시작하였다.
④ 파크골프 코스는 깃대의 색깔로 구분하며 적, 청, 황, 백색이다.

2. 파크골프 클럽의 그립 방법이 아닌 것은?
① 인터로킹 그립
② 스퀘어 그립
③ 오버래핑 그립
④ 베이스볼 그립

3. 파크골프가 가져다주는 효과로서 맞지 않은 것은?
① 청년 놀이문화 주도적인 역할
② 의료보험비용 절감
③ 지역경제 활성화에 기여
④ 도시 강변의 경관 향상

4. 티 샷 이후 샷을 할 때 어드레스를 한 후에 볼이 움직였을 때의 규칙은 무엇인가?
① 벌타 없이 볼을 원위치 한 후 플레이 하면 된다.
② 1타 가산 후 볼이 멈춘 자리에서 그대로 플레이 한다.
③ 벌타 없이 볼이 멈춘 자리에서 그대로 계속 플레이 한다.
④ 1타 가산 후 볼을 원위치 한 후 계속 플레이 한다.

5. 1개 코스의 9번 홀을 마치고 나서 다음 코스의 1번 홀 플레이어의 순서를 정하는 방법 중 맞는 것은?
① 개인 용무로 지연될 경우에는 준비된 경기자부터 해도 무방하다.
② 앞 코스 9번 홀의 동타자는 8번 홀의 타순으로 플레이 한다.
③ 새로운 코스가 시작되었기 때문에 순서뽑기로 순서를 정한다.
④ 이전 코스의 9번 홀에서 홀 아웃한 순서대로 플레이 한다.

6. 파크골프 경기 도중 지켜야 할 사항 중 맞는 것은?
① 경우에 따라 5인 이상 조를 짜서 경기를 해도 된다.
② 옆의 홀이 비어있는 경우에는 그 홀에서 경기를 시작해도 무방하다.
③ 플레이 하는 사람끼리 볼이 일직선 상에 나란히 있을 때는 동의를 얻어 앞에 있는 볼의 사람이 먼저 플레이 할 수 있다.
④ 홀과 아주 가까운 거리의 퍼팅은 한 손 그립으로 컵인 해도 된다.

7. 티 샷 할 때의 규칙 중 맞지 않는 것은?
① 어드레스를 한 후 바람에 의해 볼이 떨어졌을 경우에는 벌타 없이 다시 볼을 티에 올려 놓고 티 샷을 하면 된다.
② 티잉 그라운드를 벗어나서 티 샷을 했을 경우에는 패널티를 부과받고 볼이 멈춘 곳에서 플레이를 계속한다.
③ 어드레스 도중에 볼이 티에서 떨어졌을 때는 무벌타로 다시 티업하여 티샷을 하면 된다.
④ 티샷을 할 때 헛스윙 했을 경우에 볼이 티에서 떨어지지 않아도 무조건 벌타를 부과한다.

8. 다음 중 옳은 것은?
① 경기 도중 앞 조와의 안전수칙을 준수하기 위해 반드시 홀이 비어 있는 경우에만 티 샷을 하여야 한다.
② 페어웨이에서 동반자가 샷을 한 볼이 러프 쪽으로 들어가는 것을 보고 '나이스 샷'을 말하면서 격려해준다.
③ 경기를 시작하기 전에 준비운동은 생략하고 1번홀 주변에서 간단하게 몸을 풀어 경기 진행을 원활하게 도와준다.
④ 경기 전 준비 운동과 경기 후 정리운동은 경기자의 부상방지와 피로회복에 도움이 된다.

9. 경기 도중에 동반자의 볼로 플레이 하였을 때의 규칙은?
① 1타 가산하고, 동반자의 볼은 원위치 시키고 원래 자리에서 자신의 볼로 플레이 한다.
② 2벌타 부과하고, 동반자의 볼은 원위치 시키고 원래 자리에서 자신의 볼로 플레이 한다.
③ 2벌타 부과하고, 해당 홀을 마칠 때까지 서로 바뀐 볼로 플레이 한다.
④ 벌타 없이 동반자에게 사과를 하고 해당 홀을 마칠 때까지 그대로 플레이 한다.

10. 파크골프 규칙 가운데 자신이 친 볼에 자기 자신이 맞았을 때의 규칙은 무엇인가?
① 볼이 멈춘 자리에서 벌타 없이 다음 샷을 한다.
② 고의가 아닐 경우 볼을 원위치하여 다시 샷을 한다.
③ 2벌타 부과 후 볼이 멈춘 자리에서 다음 샷을 한다.
④ 2벌타 부과 후 원래 볼이 원래 있던 자리에서 다시 샷을 한다.

11. 동반자의 볼이 홀 방향으로 일직선 상에 있을 경우 취할 수 있는 행동으로 맞는 것은?
① 그린에서 마크가 방해되어 이동을 요구 받았을 때는 마크를 좌·우 또는 전·후로 이동시킬 수 있다.
② 홀에서 가까운 볼의 플레이어가 먼저 플레이 하여야 한다.
③ 홀에서 가까운 볼의 플레이어가 볼이 멀리 있는 동반자에게 방해가 되지 않도록 볼을 옆으로 치워 주어야 한다.
④ 홀에서 멀리 있는 볼의 플레이어는 홀에서 가까운 볼의 플레이어에게 마커를 요구할 수 있다.

12. 옮길 수 있는 장애물에 대한 규칙으로 맞는 것은?
① 작은 돌이나 나뭇가지 등을 치우려다 볼이 움직였을 경우에는 벌타 없이 원위치하면 된다.
② 옮길 수 있는 장애물은 2벌타 부과 후 볼을 옮긴 후 플레이 한다.
③ OB 말뚝을 잠시 뺀 뒤 플레이 하고 다시 말뚝을 원위치 하였을 경우는 무벌타이다.
④ 옮길 수 있는 장애물은 1타 가산 가산 후 장애물을 치우고 플레이 한다.

13. 티 샷을 하였는데 볼이 좌측으로 밀려서 OB 구역으로 들어갔을 경우 OB 여부를 먼저 판정해야 되는 사람은 누구인가?
① 심판
② 플레이어 본인
③ 동반자
④ 최초 발견자

14. 안전망 주변에 볼이 있을 경우에 샷을 할 때 벌타에 해당하지 않는 경우는?
① 클럽으로 안전망을 밀고 볼을 친 경우
② 안전망 뒤쪽에서 망을 먼저 치면서 볼을 가격하는 경우
③ 그물망이 상하지 않게 신체 일부분으로 받치면서 샷을 하는 경우
④ 볼을 치고 난 뒤에 피니쉬 하면서 클럽 헤드가 그물망에 맞았을 경우

15. OB 처치를 하는 경우 잘못된 것은?
① OB 처치는 볼이 경계선을 벗어난 지점에서 한다.
② OB 처치 시 볼을 놓을 때는 허리를 숙여서 좋은 위치에 놓으면 된다.
③ OB 처치를 잘못하고 다음 샷을 하였다고 인정될 시에는 추가로 벌타를 부과할 수 있다.
④ OB 처치 시 볼을 놓을 때는 홀컵에서 가깝지 않은 위치에 놓으면 된다.

16. 볼이 벙커에 빠졌을 때 플레이어가 모래를 고르기 위한 행동으로 맞는 것은?
① 발이나 손 등으로 고르는 것은 2벌타를 부과하지만 클럽으로 고르는 것은 무벌타이다.
② 발로 모래를 고르게 할 수 있으며, 이 때 볼이 움직이지 않으면 무벌타이다.
③ 클럽이나 손, 발 등 신체의 일부를 이용하여 볼의 주변을 고르게 할 경우 무벌타이다.
④ 클럽이 아닌 발을 이용하여 볼의 주변을 고른 경우는 2벌타를 부과한다.

17. OB 경계선 근처에서 어드레스를 한 후에 볼을 치려고 백스윙을 하였는데 볼이 움직여서 OB 선을 넘어가는 바람에 스윙을 중지하였다. 이 때 모두 몇 벌타를 부여하는가?
① 1타 가산
② 2벌타
③ 3벌타
④ 무벌타(원위치)

18. 경기 도중에 마크를 요구받아 볼을 집어든 후의 행동 가운데 잘못된 것은?
① 자신의 볼에 이물질이 묻어 있어서 볼을 닦았다.
② 볼이 손상된 것 같아 새 볼로 교체하여 플레이 하였다.
③ 볼을 다시 놓을 때 원래 볼이 있던 곳보다 홀에서 먼 곳에 볼을 놓았다.
④ 볼에 이물질이 있는 것을 확인하고 닦지 않고 그대로 플레이 하였다.

19. 다음 중 무벌타에 해당하는 경우가 아닌 것은?
① 볼 거치대에 있는 다른 경기자의 볼로 티 샷을 한 경우
② 볼 주위의 낙엽을 제거하고 샷을 한 경우
③ 마크요구로 마크를 하고 난 뒤 볼에 묻어 있는 이물질을 닦은 경우
④ OB 경계선 근처에 애매하게 안착된 볼을 자신이 세이프라고 판단하여 다음 샷을 한 경우

20. 워터 해저드에 볼이 들어갔을 경우 바른 처치는?
① 2벌타 부과 후 물이 없는 곳에서 홀과 먼 쪽으로 2클럽 이내에 볼을 놓고 플레이 한다.
② 2벌타 부과 후 볼이 물에 들어간 지점 근처에서 좋은 곳에 볼을 놓고 플레이 한다.
③ 1타 가산 후 물이 없는 곳에서 홀과 먼 쪽으로 2클럽 이내에 볼을 놓고 플레이 한다.
④ 1타 가산 후 볼이 물에 들어간 지점 근처에서 좋은 곳에 볼을 놓고 플레이 한다.

21. 그린에서의 규칙 가운데 잘못된 것은?
① 퍼팅을 하여 볼이 굴러가고 있는데 동반자도 퍼팅을 하여 굴러가고 있는 볼에 충돌하였을 경우에는 동반자에게 2벌타가 부여된다.
② 홀컵을 지나쳐서 움직이는 볼을 동반자가 멈춘 경우 플레이어에게 2벌타가 부과된다.
③ 퍼팅을 하였는데 볼이 홀컵과 아주 가까이 붙어 있어 컵 인을 하지 않고 다음 홀에서 경기를 한 경우 원칙적 으로 실격 사유가 된다.
④ 퍼팅 시 동반자의 볼을 피해서 컵인을 시도하다가 충돌한 경우에는 무벌타이다.

22. 그린에서 볼의 마커가 퍼팅에 방해가 되면 마커를 좌 우로 옮겨달라고 요구할 수 있는데, 이 때 올바른 것은?
① 1클럽 이내
② 2클럽 이내
③ 클럽 헤드 길이
④ 1~2 뼘

23. 볼과 관련된 규칙 중 2벌타를 부과받는 경우가 아닌 것은?
① 샷을 좋게 하기 위해 볼 주변을 정리하고 샷을 하였을 경우
② 긴 풀에 파묻힌 볼을 들어 올리거나 움직여서 자신의 볼인지를 확인하는 경우
③ 일부러 클럽이나 발 등으로 볼을 움직인 경우
④ 볼이 안전망에 가까이 붙어 있어서 안전망을 넘어가서 샷을 한 경우

24. 파크골프에 대한 설명 중 거리가 먼 것은?
① 자유로운 커뮤니케이션 공간에서 골프의 요소가 결합한 스포츠이다.
② 3세대가 같이 즐기는 가족형 스포츠이다.
③ 지역주민의 보건복지 및 정서생활에 기여하는 스포츠이다.
④ 녹지 공간에서 오락을 추구하는 게임종목으로 탄생되었다.

25. 파크골프 특징 중 옳지 않은 것은?
① 18홀 기준 1.5km 이상을 걷게되고 운동량이 많아 신체에 다소 무리가 따른다.
② 파크골프장이 도시근교에 있으며, 이용료가 적고 접근성이 좋다.
③ 자세와 스윙이 간단하여 배우기 쉽다.
④ 파크골프장이 공원 및 체육시설과 연계되어 있어 접근성이 좋다.

26. 파크골프 탄생 시기와 지역이 알맞게 짝지어 진 것은?
① 1973년 혼슈
② 1993년 토카치
③ 2003년 미야자키
④ 1983년 마쿠베츠

27. 파크골프가 국내에 본격적으로 보급되기 시작한 시기와 파크골프장 명칭을 올바르게 나열한 것은?
① 2003년 밀양파크골프장
② 2004년 서울여의도파크골프장
③ 2003년 목포부주산파크골프장
④ 2004년 동탄파크골프장

28. 파크골프의 효용가치에 대한 설명 중 옳지 않은 것은?
① 새로운 관광사업으로 지역경제 활성화에 도움을 준다.
② 노인위주의 운동으로서 고용 창출에 크게 기여하고 있다.
③ 주민의 복지증진과 지역사회 공동체 정신에 기여한다.
④ 친환경 녹지 및 유휴지 활용에 기여한다.

29. 파크골프와 골프를 비교한 내용 중 잘못된 것은?
① 18홀 운동 소요시간이 다르다.
② 클럽의 개수 차이가 있다.
③ 파크골프는 반드시 깃대를 꽂은 상태로 퍼팅을 해야 한다.
④ OB처치하는데 있어 볼을 놓는 요령이 동일하다.

30. 2개코스 18홀인 파크골프장의 경우에 홀이 어떻게 구성되어 있는가?
① Par 3홀 6개, Par 4홀 6개, Par 5홀 6개
② Par 3홀 8개, Par 4홀 8개, Par 5홀 4개
③ Par 3홀 6개, Par 4홀 8개, Par 5홀 4개
④ Par 3홀 8개, Par 4홀 8개, Par 5홀 2개

31. 파크골프장 홀 제원 Par 3홀의 길이는 얼마로 규정하고 있는가?
① 20m ~ 30m
② 30m ~ 40m
③ 40m ~ 50m
④ 40m ~ 60m

32. 파크골프장의 1개 코스의 합산한 길이는 얼마로 규정하고 있는가?
① 400m 이내
② 400m ~ 550m
③ 500m ~ 790m
④ 600m ~ 790m 이내

33. 코스의 설치기준에 대한 설명 중 옳지 않은 것은?( )
① 1개 코스는 9개홀로 구성한다.
② A-1 ~ A-9 및 B-1 ~ B-9 등으로 홀 순서를 표시한다.
③ 1개 코스에서 Par 4홀의 거리는 60m ~ 100m로 4개가 있다.
④ 18홀은 72타를 기준타수로 하며, 깃발 색깔로 코스를 식별한다.

34. 홀컵에 꽂는 깃대의 제원으로 원통 상단 테두리에서 얼마의 높이를 유지해야 하는가?
① 3m
② 2m ~ 2.5m
③ 1m ~ 1.5m
④ 1m

35. 파크골프장 시설물 및 설치물에 관한 내용 중 거리가 먼 것은?
① OB 판정을 정확하게 하도록 Line 설치하는 것을 준수해야 한다.
② 난이도를 부여하기 위해 페어웨이와 러프의 잔디 길이를 관리한다.
③ 코스 내 안전망은 안전에 문제되는 곳에만 최소로 설치한다.
④ OB말뚝은 홀의 경계를 구분하는데 있어 최소로 설치하는 것이 좋다.

36. 그린의 잔디길이는 얼마인가?
① 10mm 이내
② 15mm 이내
③ 20mm 이내
④ 25mm 이내

37. 경기중에 지켜야 할 안전수칙 내용에 대한 설명 중 틀린 것은?
① OB난 볼이 다른 홀로 넘어가면 경기에 방해가 되므로 해당 홀의 경기자보다 우선하여 자신의 홀 페어웨이로 치고 빠져나와야 한다.
② 경기자가 샷을 할 때에 동반자는 안전거리와 각도를 유지해야 한다.
③ 볼이 좌, 우측으로 많이 벗어나 동반자 또는 국외자에게 볼이 나아가면 경고성 문구를 전해야 한다.
④ 경기자는 목표 방향에 동반자가 있으면 샷을 중지하고 이를 제지해야 한다.

38. 난이도를 높여주는 시설물로 설치되는 벙커의 3가지 종류 중 아닌 것은?
① 사이드 벙커
② 그린 벙커
③ 크로스 벙커
④ 페어웨이 벙커

39. 운동에 필요한 기본 복장의 설명 중 잘못된 것은?
① 골프화, 운동화 뿐 아니라 캐주얼화도 착용이 가능하다.
② 그립의 미끄럼 방지목적으로 골프장갑을 착용하여도 된다.
③ 골프 복장과 동일하게 착용하는 것을 권장하고, 여성의 경우에는 반바지 착용도 가능하다.
④ 자외선을 차단하기 위해 모자를 착용하여도 된다.

40. 파크골프장 설치물 중 티잉그라운드의 제원이 알맞게 짝지어진 것은?
① 1.0m x 1.0m ~ 2m x 2m
② 3.5m x 3.5m ~ 1m x 1m
③ 2.0m x 2.0m ~ 3m x 3m
④ 1.5m x 1.5m ~ 2m x 2m

41. 운동 전 준비운동이 먼저 이루어져야 하는 이유 중 틀린 것은?
① 사용치 않았던 근육을 풀어주어 부상을 방지한다.
② 좋은 경기를 위해 마음을 긴장시킨다.
③ 몸을 풀면서 체온을 상승시킨다.
④ 호흡량과 심박출량을 약간 증가시킨다.

42. 코스의 구성요소에 대한 설명 중 잘못된 것은?
① 러프는 페어웨이의 양쪽바깥 지역으로 잔디 또는 잡초의 길이를 20mm로 유지한다.
② 벙커는 주위보다 깊거나 동일한 높이로 모래가 있는 장애물을 말한다.
③ OB말뚝은 러프의 바깥쪽을 표시한 경계선에 설치한다.
④ 난이도를 부여하기 위하여 연못, 나무, 수풀 등 장애물을 조성한다.

43. 코스 내 경기중에 지켜야 할 에티켓과 매너 중 위반된 행위는?
① 경기자가 미스샷이 나거나 컵인이 되지 않는 경우에 동반자에게 부담이 되는 언행을 삼가야 한다.
② 홀과 아주 가까이 놓인 볼에 대해 퍼팅을 할 때 조원의 경기진행에 도움을 주도록 한손만 사용하여 컵인을 해도 무방하다.
③ 코스 내에서 흡연을 금하며 안전수칙을 준수하여야 한다.
④ 홀 아웃을 하면 다음 홀로 이동하면서 후속 조에게 수신호를 주어 티샷이 가능함을 알려준다.

44. 긴 풀에 볼이 파묻혀 있을 경우에 빠져나오게 하는 샷을 무엇이라 하는가?
① 러프샷
② 페어웨이샷
③ 티샷
④ 어프로치샷

45. 스퀘어 스탠스를 취할 때 체중이 좌, 우측 발에 어떻게 배분되는 것이 좋은가?
① 50:50
② 40:60
③ 30:70
④ 20:80

46. 티잉그라운드에서 스탠스를 취하는 경우 목표방향쪽 발을 열고 서는 방법을 무엇이라 하는가?
① 뉴트럴 스탠스
② 클로우즈 스탠스
③ 스퀘어 스탠스
④ 오픈 스탠스

47. 그립잡는 방법 중 옳지 않은 것은?
① 오버래핑 그립
② 베이스볼 그립
③ 슬라이스 그립
④ 인터록킹 그립

48. 단계별 스윙을 하는 동작 설명 중 거리가 먼 것은?
① 백스윙 정점에서 다운스윙으로 빠르게 전환하면 방향성이 좋아진다.
② 피니쉬는 스윙이 종료되는 단계로 2~3초간 자세를 유지하도록 한다.
③ 테이크 백은 클럽헤드를 지면 가까이 낮게 끄는 동작으로 시작된다.
④ 팔로우 스루를 백스윙 보다 크게하면 비거리가 확보된다.

49. 스윙의 단계 중 볼을 친 후 클럽헤드를 목표방향으로 힘차게 보내는 단계를 일컫는 말은?
① 다운 스윙
② 임팩트
③ 팔로우 스루
④ 피니쉬

50. 티 샷을 하여 원하는 좋은 위치에 안착시킨 후 깃대를 향하거나 다음 목표지점에 안착시키려는 샷을 무엇인가?
① 벙커 샷
② 페어웨이 샷
③ 러프 샷
④ 티 샷

51. 어드레스 한 후 클럽헤드를 볼이 나아가는 방향과 반대쪽으로 움직이는 동작의 이름은 무엇인가?
① 팔로우 스루
② 임팩트
③ 백스윙 정점
④ 테이크 백

52. 다음 중 경기 중에 볼에 이물질이 묻어서 닦고자 할 경우 맞는 것은?
① OB 처치 시 집어들어 올린 볼에 묻은 이물질은 닦을 수 있다.
② 코스 내의 러프에서는 동반자의 동의를 얻어 볼의 이물질을 닦을 수 있다.
③ 벙커에서 모래가 심하게 묻었을 때는 동반자의 동의 없이 닦을 수 있다.
④ 페어웨이에서는 동반자의 동의만 있으면 언제든지 닦을 수 있다.

53. 다음 중 벌타를 부여받는 경우는?
① 샷을 한 볼이 동반자의 볼을 맞췄을 경우
② 샷을 한 볼이 동반자의 발에 맞았을 경우
③ 볼 주변에 있는 나뭇가지를 치우다가 볼이 움직인 경우
④ 샷을 한 볼이 나무 기둥에 맞고 튕겨나와 자신의 몸에 맞았을 경우

54. 샷의 순서를 지키는 방법 중 거리가 먼 것은?
① 다음 홀에서는 전 홀에서의 적은 타수순에 따라 티샷을 하면 된다.
② 비슷한 위치에서 러프에 빠진 동반자보다는 페어웨이에 있는 자신의 볼이 우선하므로 먼저 진행해야 한다.
③ 경기 진행상 그린에서 홀컵에 가까운 볼이 먼저 컵인을 시도할 수 있다.
④ 세컨드샷부터는 깃대를 기준으로 먼 곳의 볼이 우선하는 것을 준수한다.

55. 가장 적은 타수를 기록한 경기자가 최종적으로 승자가 되는 경기 방식을 일컫는 말은?
① 매치플레이 방식
② 포어볼 방식
③ 스트로크플레이 방식
④ 서든데스 방식

56. 장애물에 대한 설명 중 잘못된 것은?
① 고정 장애물이 샷을 하는데 방해가 되는 경우 구제받을 수 없다.
② 장애물이란 경기 도중에 코스내에서 접하는 자연물 및 인공물 모두를 말한다.
③ 장애물은 움직일 수 있는 장애물과 움직였다가 다시 원위치 할 수 있는 장애물로 분류된다.
④ 움직일 수 있는 장애물은 동반자의 양해 없이도 치울 수 있다.

57. 파크골프장의 코스 별 A,B,C,D 색깔은?
① 황-적-백-청
② 백-청-적-황
③ 적-청-황-백
④ 적-청-백-황

58. 가장 적은 타수순으로 순위를 결정할 때 동타자가 2명이상이 있는 경우 코스의 타수 합산순으로 승자를 가리는 경기 방식을 무엇이라고 하는가?
① 백카운트 방식
② 스트로크 플레이방식
③ 서든데스 방식
④ 매치플레이 방식

59. 깃대를 향해 어프로치 샷을 시도하여 홀컵 10cm에 볼이 안착되었을 시 취해야 할 바람직한 행동은?
① 확실하게 컵인하기 위하여 자신의 볼을 마크한다.
② 동반자에게 자신의 볼에 대해 마크를 요청한다.
③ 동반자에게 통보를 하고서 먼저 컵인을 시도한다.
④ 준비된 동반자가 다음 샷을 하도록 그대로 둔다.

60. Par 4홀에서 티샷 이후 다음 샷을 준비하기 위한 행동 중 옳지 않은 것은?
① 목표방향쪽의 참조사항을 확인한다.
② 볼의 위치가 좋지 않으면 연습 스윙을 생략하고 샷을 한다.
③ 자신의 주변에 동반자가 근접하여 있는 지를 둘러본다.
④ 동반자와 동일한 색깔의 볼이 있어 자신의 볼인지를 만지며 확인한다.

61. 상황별 OB여부 적용을 판정한 사례들 중 아닌 것은?
① 2개의 OB말뚝 사이를 통과하여 OB지역으로 굴러가다 페어웨이에 안착된 경우를 세이프(safe)라 한다.
② OB말뚝을 맞고 페어웨이에 볼이 안착된 경우에 2벌타 처리한다.
③ 안전망을 넘어가서 OB지역으로 굴러가다가 페어웨이에 안착된 경우 세이프(safe) 처리한다.
④ Par 5도그레그홀에서 직접 그린을 공략하지 못하도록 로컬룰로 공지하였는데도 볼이 나아간 경우에는 OB로 간주한다.

62. 경기 도중 목표방향에 동반자의 볼이 있을 경우 요구할 수 있는 마크의 거리는?
① 5m ② 10m ③ 15m ④ 20m

63. 경기 중 마크를 요구할 경우 잘못된 것은?
① 마크를 요구받은 동반자가 볼 마커를 소지하지 않아 주변에 있는 낙엽으로 마크한 후 볼을 집어 들었다.
② 조원이 4명일 때 페어웨이의 목표방향에 있는 볼 3개의 동반자 모두에게 마크를 요구하였다.
③ 동반자의 볼이 목표방향에서 대략 20m 정도로 떨어져 있어 다소 시간이 지연되더라도 마크를 요구하였다.
④ 첫 번째 선수가 티샷한 볼이 목표방향쪽 티잉그라운드 앞에 안착되어 두 번째 선수가 볼을 맞힐 것 같았지만 마크 요구 없이 경기를 진행하였다.

64. 실격 사유 중 틀린 것은?
① 경기 중에 동반자에게 폭언 등으로 불안감을 준 경우
② 선수가 홀배치가 완료되어 경기가 시작된 이후에 도착한 경우
③ 대회본부 또는 심판의 최종 판정에 불복하는 경우
④ 스코어카드를 실제 타수보다 적게 합산하여 제출한 경우

65. 장애물에 대한 설명 중 옳지 않은 것은?
① 고정 장애물이 방해되는 경우라도 볼의 위치는 변경할 수 없다.
② 고정 장애물은 동반자의 동의를 얻어 잠시 치울 수 있다.
③ 장애물에는 움직일 수 있는 장애물과 움직일 수 없는 장애물이 있다.
④ 움직일 수 있는 장애물은 무벌타로 해당 장애물을 치울 수 있다.

66. 경기 중에 플레이어의 순서를 정하는 방법은?
① 동반자끼리 임의로 정해도 무방하다.
② 경기 진행자가 정해주는 순서에 따른다
③ 동반자 가운데 연장자 순으로 한다.
④ 전 홀에서 낮은 스코어 순으로 다음 홀의 티샷을 한다.

67. 대회에 진행요원으로 배치되었을 때의 역할 중 거리가 먼 것은?
① 경기 시작홀에서 스코어카드에 기록된 명단 순대로 티 샷 순서를 따르도록 하여 경기를 진행시켰다.
② 선수를 잘 식별하기 위하여 볼의 색깔은 스코어카드에 참고하도록 메모하였다.
③ 경기시간이 지연되지 않도록 OB경계구역을 멀리 벗어난 볼을 근접한 경기자에게 넘겨주어 OB처치를 요구하였다.
④ 선수가 볼 마커를 소지하고 있지 않아 자신의 마커를 빌려주었다.

68. 잡초가 있는 러프 지역에 볼이 멈추었을 경우 취할 수 있는 행동은?
① 동반자와 동의를 구하여 잡초를 제거한 후에 샷을 하면 된다.
② 그 상태에서 그대로 플레이 해야 한다.
③ 잡초는 고정 장애물이 아니기 때문에 클럽이나 발로 약간 치기 편하게 한 후에 샷을 하면 된다.
④ 2벌타를 부과받고 다음 샷을 한다.

69. 파크골프에 대한 설명 중 맞는 내용은?
① 18홀의 전체 길이는 900m 이내 이여야 한다.
② 18홀 기준 파5 홀은 2개이다.
③ 파5 홀의 길이는 200m 이상이다.
④ 9홀의 표준 타수는 36타이다.

70. 다음 그린에서의 행위 중 벌타를 부과받는 경우가 아닌 것은?
① 깃대를 뽑고 퍼팅을 한 경우
② 볼 마크를 좌.우로 이동한 후에 원위치 하지 않고 퍼팅를 한 경우
③ 퍼팅을 좋게 하기 위해 클럽 등으로 라이를 개선하는 경우
④ 볼 뒤에 마크를 하고 볼을 집어 올린 경우

71. 파크골프 경기 규칙 중 바른 것은?
① 동반자가 잘못 하면 잠시 어드바이스를 해서 도와준다.
② 경기 중에 볼이 마음에 들지 않으면 바꾸어도 된다.
③ 티 샷인 경우에는 앞의 볼이 방해가 되어도 마크를 요구할 수 없다.
④ 친목을 위해 잘 아는 사람들로만 팀을 구성하도록 한다.

72. 난이도를 높이기 위해 코스 내에 연못, 도랑 등의 장애물을 조성하는데 이를 무엇이라 하는가?
① 벙커   ② 러프   ③ 해저드   ④ OB지역

73. 경기에 참가한 경기자가 지켜야 할 행위들 중 잘못된 것은?
① 동반자의 볼이 러프지역으로 나아가 비슷한 위치에서 자신이 다음 샷을 시도하기보다 볼 찾는 것을 도와주었다.
② 내리막 퍼팅 시 컵인이 되지 않아 동반자의 볼보다 가까운 4m 정도로 연속해서 먼저 홀아웃을 시도하였다.
③ 대회본부에서 소집한 시간보다 빨리 도착하여 몸풀기를 하였다.
④ 홀아웃 시 동반자의 타수를 정확하게 이해시키고 스코어카드에 기록하였다.

74. 그린이나 페어웨이에서 2벌타를 부과받는 경우가 아닌 것은?
① 코스 내의 고정 장애물을 제거하였을 경우
② 마크를 할 때 볼을 먼저 집어들고 난 후에 했을 경우
③ 마크를 할 때 홀에 가까운 곳에 마커를 놓고 볼을 집어 올린 경우
④ 자신이 친 볼이 동반자의 볼을 맞추었을 경우

75. 벙커 샷의 벌타에 대한 다음 설명 중 맞는 것은?
① 볼을 맞추지 못하고 주변의 모래를 친 경우는 무벌타이다.
② 볼이 모래에 묻혀있을 경우 볼을 치기 쉽도록 클럽헤드 밑부분으로 모래를 누르는 행위는 무벌타이다.
③ 백스윙 없이 클럽을 밀어내듯이 퍼올리는 샷을 하면 무벌타이다.
④ 클럽헤드 밑부분이 모래에 살짝만 닿은 경우는 무벌타이다.

76. 스코어와 관련된 용어 중 옳은 것은?
① 보기 - 해당 홀의 기준 타수보다 2타 많은 스코어
② 알바트로스 - 해당 홀의 기준 타수보다 3타 적은 스코어
③ 버디 - 해당 홀의 기준 타수보다 2타 적은 스코어
④ 파(par) - 해당 홀의 기준 타수보다 1타 많은 스코어

77. 샷을 한 볼이 반쪽으로 쪼개지는 손상이 되었을 경우 조치 방법 중 올바른 것은?
① 쪼개어진 볼의 큰 부위 위치에서 예비볼을 놓고 다음 샷을 시도한다.
② 반쪽으로 나누어진 볼의 큰 부위를 사용하여 다음 샷을 시도한다.
③ 샷을 하였던 위치로 되돌아가 예비볼으로 다시 샷을 한다.
④ 볼이 쪼개어지는 상황이 극히 드문 경우이므로 자신의 판단하에 더 좋은 방법을 선택하여 동반자에게 통보하고서 조치한다.

78. 워터해저드 경사면에 볼이 빠졌으나 경기자가 정상적으로 샷을 할 수 있다고 판단되어 클럽헤드가 물에 접촉되면서 스트로크를 하였다면 부여되는 타수는 몇 타인가?
① 샷 행위 금지
② 1타 부여
③ 2타 부여
④ 3타 부여

79. A-1번홀부터 진입하려 하였는데 이미 볼 거치대에 볼 3개가 있었다면 자신이 해당하는 조는 몇 번째인가?
① 도착 즉시
② 4번째
③ 3번째
④ 2번째

80. 스코어 카드를 작성할 때 맞는 것은?
① 스코어를 실수로 적게 신고하였을 경우에는 이를 정정할 수 있다.
② 각 홀마다 해당 팀의 책임자가 스코어를 기재한다.
③ 실제 스코어보다 많게 신고한 경우에는 문제가 없다.
④ 스코어카드는 경기 진행자만 작성할 수 있다

81. 2일간 54홀 경기에 참가하여 최종 181타로 합산되었다면 기준타수에서 얼마를 적게 친 것인가?
① 13타
② 15타
③ 17타
④ 19타

82. Par 4홀에서 경기자가 티샷을 한 볼이 동반자의 볼에 충돌한 경우 알맞게 적용된 것은?
① 마크 요구 없이 샷을 하여 충돌하면 경기자에게 2벌타를 부여한다.
② 경기자의 볼이 홀컵에 들어가더라도 컵인 인정이 안된다.
③ 동시에 OB되면 2개 볼을 OB로 판정하여 처리한다.
④ 동반자의 볼이 맞아서 홀컵에 들어가면 컵인 인정이 안된다.

83. 첫 출발지점인 1번 홀에서 샷의 순서를 정하는 방법 중 가장 적절한 방법은?
① 순서 뽑기로 정한다.
② 티박스에 도착한 순서대로 정한다.
③ 가위바위보로 정한다.
④ 연장자 순으로 정한다.

84. 2번홀에서 샷의 순서를 정할 때 가장 알맞은 것은?
① 1번홀에서 먼저 홀아웃한 순서대로 한다.
② 1번홀에서와 같은 방법으로 순서를 다시 정한다.
③ 1번홀에서 정한 순서를 동일하게 적용한다.
④ 1번홀에서의 저타순으로 적용한다.

85. 단체전을 하는 경우 1개 조에 4명이 2:2로 구성하여 팀 별로 볼 1개를 가지고 번갈아 치며 진행하는 경기방식을 무엇이라 하는가?
① 베스트볼 방식
② 포섬 방식
③ 포볼 방식
④ 스트로크 방식

86. 파크골프 9홀의 표준 타수는 몇 타인가?
① 33타 ② 36타 ③ 72타 ④ 90타

87. 옮길 수 있는 이동 장애물이 아닌 것은?
① 안내표지판
② 깡통
③ 조약돌
④ 나뭇잎

88. 옮길 수 없는 고정 장애물이 아닌 것은?
① OB말뚝
② 나무 지지대
③ 깎은 잔디
④ 배수구

89. 긴 풀에 빠지거나 고정 장애물에 의해 다음 샷을 할 수 없는 경우 동반자에게 이를 알리는 것을 무엇이라 일컫는가?
① 로스트볼
② 언플레이어블
③ 잠정구
④ OB

90. 대회 전체적인 진행 시간과 흐름을 고려하여 로컬룰로 제시하는 경우 중 홀 마다 기준 타수의 2배에 해당되면 중지시키는 경우를 무엇이라 하는가?
① 트리플
② 쿼드러플
③ 더블보기
④ 더블파

91. 파크골프 코스 조성 시 지켜야 할 사항으로 적절한 것은?
① 다양한 코스 조성을 위해 파5 홀을 3개 이상 조성해도 무방하다.
② 코스의 난이도를 위해 1홀의 길이는 임의대로 조정할 수 있다.
③ 특별한 규칙이 없으며, 골프장 여건에 따라 자유로이 조성할 수 있다.
④ 코스의 난이도와 흥미를 위해 벙커나 워터해저드를 조성할 수 있다.

92. 경기 도중 비가 내려 잠시 생긴 물웅덩이를 일컫는 말은 무엇인가?
① 수리지
② 캐주얼 워터
③ 워터해저드
④ 해저드

93. 잔디를 새로 입힌 구역이나 어린 묘목의 식수지 등을 보호하기 위하여 볼이 안착되었을 때 구제 받을 수 있는 제한구역은 무엇인가?
① 수리지
② 캐주얼워터
③ 워터해저드
④ 해저드

94. 파크골프장의 필요에 의해 자체적으로 정한 규칙을 무엇이라 하는가?
① 경기규칙
② 규정집
③ 표준교재
④ 로컬룰

95. 그린 위에서 퍼팅하는 요령 중 잘못된 것은?
① 내리막 퍼팅은 남은 거리를 판단하여 홀컵 앞에 볼이 멈추는 백스윙 크기를 가져간다.
② 오르막퍼팅은 남은 거리를 판단하여 백스윙 크기를 정하는데 볼이 홀컵을 지나치도록 한다.
③ 오른손잡이인 경우 오른손에 의해 왼손목이 꺾이는 자세가 자연스레 만들어진다.
④ 스트로크가 이루어지면 시선은 볼이 있던 위치에 두고 귀로 홀컵에 떨어지는 소리를 듣는 것이 좋다.

96. 파크골프 기술 샷으로 볼을 띄우는 샷을 하는데 해결해야 하는 조건 중 올바르게 나열 된 것은?
① 스탠스 : 오픈왼손 그립잡기 : 스트롱볼의 위치 : 왼발 상단
② 스탠스 : 오픈왼손 그립잡기 : 위크볼의 위치 : 왼발 상단
③ 스탠스 : 스퀘어왼손 그립잡기 : 스트볼공의 위치 : 양발 중앙
④ 스탠스 : 스퀘어왼손 그립잡기 : 위크볼의 위치 : 양발 상단

97. 파크골프 입문자에게 기본적인 특성을 골프와 비교하여 설명하려 할 때의 내용 중 옳은 것은?
① 3~4명이 1개 조로 편성되어 각자가 클럽과 볼을 가지고 1개 코스인 9개 홀 단위로 경쟁하는 운동이다.
② 홀별 길이가 골프보다 길다.
③ 클럽과 볼의 크기가 동일하다.
④ 볼은 여러 개를 사용하여도 무방하다.

98. 파크골프 클럽에 대한 제원 중 올바른 것은?
① 무게 500g이하 길이 66cm
② 무게 500g이하 길이 75cm
③ 무게 600g이하 길이 83cm
④ 무게 600g이하 길이 86cm

99. 티잉그라운드에서 스탠스를 취하는 경우 양 발의 간격은 어떻게 위치하는 것이 가장 좋은가?
① 거리가 짧은 거리를 보내기 위한 안정된 자세유지를 위해 넓게 벌리는 것이 좋다.
② 자신의 어깨 넓이를 기준으로 거리에 따라 간격을 약간씩 조절하는 것이 좋다.
③ 체중이동이 용이하도록 양발의 간격을 좁게 위치하는 것이 좋다.
④ 홀마다 자신의 어깨 넓이만큼 동일하게 유지하는 것이 좋다.

100. 경기 중 볼이 러프로 들어가면 몇 분이내에 볼을 찾아야 하는가?
① 1분 ② 3분 ③ 5분 ④ 10분

[해답]

1. ④	2. ②	3. ①	4. ②	5. ②	6. ③	7. ④	8. ④	9. ②	10. ③
11. ④	12. ①	13. ②	14. ④	15. ④	16. ②	17. ③	18. ②	19. ④	20. ①
21. ④	22. ③	23. ④	24. ④	25. ①	26. ④	27. ②	28. ②	29. ④	30. ④
31. ④	32. ③	33. ④	34. ②	35. ①	36. ③	37. ①	38. ④	39. ①	40. ④
41. ②	42. ①	43. ②	44. ①	45. ①	46. ④	47. ②	48. ①	49. ③	50. ②
51. ④	52. ①	53. ④	54. ②	55. ③	56. ③	57. ③	58. ①	59. ③	60. ④
61. ②	62. ④	63. ①	64. ①	65. ②	66. ④	67. ①	68. ②	69. ②	70. ④
71. ③	72. ③	73. ②	74. ④	75. ④	76. ②	77. ③	78. ②	79. ②	80. ③
81. ③	82. ④	83. ①	84. ④	85. ②	86. ①	87. ①	88. ②	89. ②	90. ④
91. ④	92. ②	93. ①	94. ④	95. ③	96. ②	97. ①	98. ④	99. ②	100. ②

MEMO

2

2025년도 체육지도자 자격검정 안내

문화체육관광부 공고 제2025-0019호

2025년도 체육지도자 자격검정 및 연수 시행계획 공고

국민체육진흥법 제11조부터 제12조까지, 국민체육진흥법 시행령 제8조부터 제11조의3까지,
국민체육진흥법 시행규칙 제4조부터 제23조까지에 의거
"2025년도 체육지도자 자격검정 및 연수 시행계획"을 공고합니다.

2025. 1.

문 화 체 육 관 광 부 장 관
서울올림픽기념국민체육진흥공단이사장

필수 확인 사항

- 체육지도자 자격검정·연수 신청, 자격증 발급 등을 위해서는 먼저 체육지도자 홈페이지에서 회원가입을 완료하셔야 합니다.
  ※ 체육지도자 홈페이지(https://sqms.kspo.or.kr)
- 체육지도자 동·하계종목 실기구술시험이 별도 시행됨에 따라 종목별 취득절차 및 일정에 차이가 있으니 취득하고자 하는 자격 종목의 세부 시행계획 공고 내용을 확인하시기 바랍니다.
- 본 내용은 제반사정에 의하여 변경될 수 있으므로, 체육지도자 홈페이지에서 각 자격검정 및 연수과정별 세부 시행계획 공고를 반드시 확인하여 주시기 바랍니다. 공고 내용 미확인으로 인한 불이익에 대한 모든 책임은 응시자에게 있습니다.

전문스포츠지도사(하계)

■ 공통사항: 18세 이상인 사람

자격종목(53개 종목) | 계절영향이 없는 동계종목(빙상, 아이스하키, 컬링 등) 포함/ * 카바디는 검정기관의 요청에 따라 시행 보류

가라테, 검도, 골프, 궁도, 근대5종, 농구, 당구, 댄스스포츠, 럭비, 레슬링, 배구, 배드민턴, 보디빌딩, 복싱, 볼링, 빙상, 사격, 사이클, 산악, 세팍타크로, 소프트볼, 소프트테니스, 수상스키, 수영, 수중, 스쿼시, 승마, 씨름, 아이스하키, 야구, 양궁, 에어로빅, 역도, 요트, 우슈, 유도, 육상, 인라인스케이트, 조정, 주짓수, 체조, 축구, 카누, 컬링, 탁구, 태권도, 택견, 테니스, 트라이애슬론, 펜싱, 하키, 핸드볼, 힙합

1급 전문스포츠지도사

	자격요건			취득절차			
				필기	실기	구술	연수(시간)
일반과정	'25.3.17. 현재 해당 자격 종목의 2급 전문스포츠지도사 자격을 취득한 후 3년 이상 해당 자격 종목의 경기지도경력이 있는 사람			○			○ (250)
특별과정	'25.7.22. 현재 국가대표선수(국가대표선수였던 사람을 포함)로서 다음 요건을 모두 갖춘 사람 – 해당 자격 종목의 국가대표선수로 국제올림픽위원회, 아시아올림픽평의회, 종목별 국제연맹, 종목별 아시아연맹에서 주최하는 국제 대회 중 어느 하나에 참가한 경력이 있을 것 – 해당 자격 종목의 2급 전문스포츠지도사 자격을 취득한 후 해당 자격 종목의 3년 이상의 경기지도경력이 있을 것						○ (250)

필기	온라인 접수	증빙서류 제출	응시수수료 납부	시험일	합격자 발표	필기과목(4과목)
	3.13 ~ 3.17	3.13 ~ 3.19	3.13 ~ 3.19	4.26	5.16	스포츠영양학, 운동상해, 체육측정평가론, 트레이닝론

연수	등록 및 연수비 납부	연수	현장실습	합격자 발표 및 자격증 발급	연수기관
	(정기접수) 7.17 ~ 7.22 (추가접수) 7.24 ~ 7.28[주1]	8.2 ~ 12.6	9.1 ~ 12.6	12.19	국민체육진흥공단

주1) 연수 추가접수는 정기 접수 후 연수비 미납으로 결원 발생 시 시행

2급 전문스포츠지도사

	자격요건	취득절차				
		필기	실기	구술	연수(시간)	스포츠윤리교육
일반과정	'25.3.24 현재 해당 자격 종목에 대하여 4년 이상의 경기경력이 있는 사람	○	○	○	○ (90)	
	'25.3.24 현재 「고등교육법」 제2조에 따른 학교에서 체육 분야에 관한 학문을 전공하고 졸업한 사람(졸업예정자 포함)이거나 법령에 따라 이와 같은 수준의 학력이 있다고 인정되는 사람으로 그 경기경력 및 수업연한의 합산 기간이 4년 이상인 사람[주1]	○			○ (90)	
	'25.3.24 현재 문화체육관광부장관이 인정하는 외국의 제1호[주2]에 해당하는 학교(학제 또는 교육과정으로 보아 제1호에 따른 학교와 같은 수준이거나 그 이상인 학교)에서 체육 분야에 관한 학문을 전공하고 졸업한 사람으로 그 경기경력 및 수업연한의 합산 기간이 4년 이상인 사람	○			○ (90)	
특별과정	'25.6.2 현재 학교체육교사(학교체육교사였던 사람을 포함)로서 「초·중등교육법」 별표2에 따른 중등학교 정교사(1급·2급) 또는 준교사 자격(체육과목)을 가지고, 같은 법 제2조에 따른 학교에서 체육교사로 재직하면서 해당 자격 종목의 경기지도경력이 3년 이상일 것				○	○[주3]
	'25.6.2 현재 해당 자격 종목의 국가대표선수(국가대표선수였던 사람을 포함)로서 국제올림픽위원회, 아시아올림픽평의회, 종목별 국제연맹, 종목별 아시아연맹에서 주최하는 국제대회 중 어느 하나에 참가한 경력이 있을 것				○	○[주3]
	'25.6.2 현재 문화체육관광부장관이 지정하는 프로스포츠단체(축구, 야구, 농구, 배구, 골프 종목에 한함)에 등록된 프로스포츠 선수(프로스포츠선수였던 사람을 포함)로서 해당 자격 종목의 프로스포츠단체 선수경력 3년 이상일 것				○ (40)	
추가취득	'25.6.2 현재 2급 전문스포츠지도사 자격을 가지고 보유한 자격 종목이 아닌 다른 종목의 자격을 취득하려는 사람	○	○			○[주3]

필기	온라인 접수	증빙서류 제출	응시수수료 납부	시험일	합격자 발표	필기과목(7과목 중 5과목 선택)
	3.20 ~ 3.24	3.20 ~ 3.26	3.20 ~ 3.26	4.26	5.16	스포츠교육학, 스포츠사회학, 스포츠심리학, 스포츠윤리, 운동생리학, 운동역학, 한국체육사

실기구술	온라인 접수 및 증빙서류 제출	응시수수료 납부	시험일	합격자 발표	실기 및 구술검정기관
	5.28 ~ 6.2	5.28 ~ 6.2	6.5 ~ 7.3	7.11	국기원(태권도), 대한체육회(태권도 제외)

연수	등록 및 연수비 납부	연수	현장실습	합격자 발표 및 자격증 발급	연수기관
	(정기접수) 7.17 ~ 7.22 (추가접수) 7.24 ~ 7.28[주4]	8.2 ~ 10.19	8.2 ~ 10.19	12.5	국기원, 동아대, 조선대, 중앙대, 충남대, 한양대, 한국체대

스포츠윤리교육	접수 및 교육	합격자 발표 및 자격증 발급	교육기관
	8.4 ~ 9.26	12.5	스포츠윤리센터 (edu.k-sec.or.kr)

주1) 졸업예정자의 경우 2026년 2월 28일까지 졸업(학위)증명서 반드시 제출(필기·실기구술 합격자 포함), 미제출 시 필기·실기구술·연수 합격취소 및 최종 불합격처리(응시수수료 및 연수비 환불 불가)
주2) 제1호: 고등교육법 제2조에 따른 학교
주3) 스포츠윤리센터 체육지도자 연수과정(3시간)
주4) 연수 추가접수는 정기 접수 후 연수비 미납으로 결원 발생 시 시행

전문스포츠지도사(동계)

■ 공통사항: 18세 이상인 사람

자격종목(4개 종목) | 루지, 바이애슬론, 봅슬레이스켈레톤, 스키

1급 전문스포츠지도사

	자격요건	실기	구술	필기	연수(시간)
일반과정	• '25.3.17. 현재 해당 자격 종목의 2급 전문스포츠지도사 자격을 취득한 후 3년 이상 해당 자격 종목의 경기지도경력이 있는 사람			○	○ (250)
특별과정	• '25.7.22 현재 국가대표선수(국가대표선수였던 사람을 포함)로서 다음 요건을 모두 갖춘 사람 – 해당 자격 종목의 국가대표선수로 국제올림픽위원회, 아시아올림픽평의회, 종목별 국제연맹, 종목별 아시아연맹에서 주최하는 국제대회 중 어느 하나에 참가한 경력이 있을 것 – 해당 자격 종목의 2급 전문스포츠지도사 자격을 취득한 후 해당 자격 종목의 3년 이상의 경기지도경력이 있을 것				○ (250)

필기	온라인 접수	증빙서류 제출	응시수수료 납부	시험일	합격자 발표	필기과목(4과목)
	3.13 ~ 3.17	3.13 ~ 3.19	3.13 ~ 3.19	4.26	5.16	스포츠영양학, 운동상해, 체육측정평가론, 트레이닝론

연수	등록 및 연수비 납부	연수	현장실습	합격자 발표 및 자격증 발급	연수기관
	(정기접수)7.17 ~ 7.22 (추가접수)7.24 ~ 7.28[주1]	8.2 ~ 12.6	9.1 ~ 12.6	12.19	국민체육진흥공단

주1) 연수 추가접수는 정기 접수 후 연수비 미납으로 결원 발생 시 시행

2급 전문스포츠지도사

	자격요건	실기	구술	필기	연수(시간)	스포츠윤리교육
일반과정	• '25.2.5 현재 해당 자격 종목에 대하여 4년 이상의 경기경력이 있는 사람	○	○	○	○ (90)	
	• '25.2.5 현재 「고등교육법」 제2조에 따른 학교에서 체육 분야에 관한 학문을 전공하고 졸업한 사람(졸업예정자 포함)이거나 법령에 따라 이와 같은 수준의 학력이 있다고 인정되는 사람으로 그 경기경력 및 수업연한의 합산 기간이 4년 이상인 사람[주1]				○ (90)	
	• '25.2.5 현재 문화체육관광부장관이 인정하는 외국의 제1호[주2]에 해당하는 학교(학제 또는 교육과정으로 보아 제1호에 따른 학교와 같은 수준이거나 그 이상인 학교)에서 체육 분야에 관한 학문을 전공하고 졸업한 사람으로 그 경기경력 및 수업연한의 합산 기간이 4년 이상인 사람				○ (90)	
특별과정	• '25.2.5 현재 학교체육교사(학교체육교사였던 사람을 포함)로서 「초·중등교육법」 별표2에 따른 중등학교 정교사(1급·2급) 또는 준교사 자격(체육과목)을 가지고, 같은 법 제2조에 따른 학교에서 체육교사로 재직하면서 해당 자격 종목의 경기지도경력이 3년 이상일 것	○	○			○[주3]
	• '25.2.5 현재 해당 자격 종목의 국가대표선수(국가대표선수였던 사람을 포함)로서 국제올림픽위원회, 아시아올림픽평의회, 종목별 국제연맹, 종목별 아시아연맹에서 주최하는 국제대회 중 어느 하나에 참가한 경력이 있는 사람				○	○[주3]
추가취득	• '25.2.5 현재 2급 전문스포츠지도사 자격을 가지고 보유한 자격 종목이 아닌 다른 종목의 자격을 취득하려는 사람	○	○			○[주3]

실기구술	온라인 접수 및 증빙서류 제출	응시수수료 납부	시험일	합격자 발표	실기 및 구술검정기관
	1.31 ~ 2.5	1.31 ~ 2.5	2.11 ~ 3.9	3.12	대한체육회(태권도 제외)

필기	온라인 접수	응시수수료 납부	시험일	합격자 발표	필기과목(7과목 중 5과목 선택)
	3.20 ~ 3.24	3.20 ~ 3.26	4.26	5.16	스포츠교육학, 스포츠사회학, 스포츠심리학, 스포츠윤리, 운동생리학, 운동역학, 한국체육사

연수	등록 및 연수비 납부	연수	현장실습	합격자 발표 및 자격증 발급	연수기관
	(정기접수)7.17 ~ 7.22 (추가접수)7.24 ~ 7.28[주4]	8.2 ~ 10.19	8.2 ~ 10.19	12.5	국기원, 동아대, 조선대, 중앙대, 충남대, 한양대, 한국체대

스포츠윤리교육	접수 및 교육	합격자 발표 및 자격증 발급	교육기관
	3.31 ~ 5.9	7.11	스포츠윤리센터(edu.k-sec.or.kr)

주1) 졸업예정자의 경우 2026년 2월 28일까지 졸업(학위)증명서 반드시 제출(필기·실기구술 합격자 포함), 미제출 시 필기·실기구술·연수 합격취소 및 최종 불합격처리(응시수수료 및 연수비 환불 불가)
주2) 제1호: 고등교육법 제2조에 따른 학교
주3) 스포츠윤리센터 체육지도자 연수과정(3시간)
주4) 연수 추가접수는 정기 접수 후 연수비 미납으로 결원 발생 시 시행

생활스포츠지도사(하계)

■ 공통사항: 18세 이상인 사람

자격종목(65개 종목) | 계절영향이 없는 동계종목(빙상, 아이스하키 등) 포함

검도, 게이트볼, 골프, 국학기공, 궁도, 농구, 당구, 댄스스포츠, 등산, 라켓볼, 럭비, 레슬링, 레크리에이션, 배구, 배드민턴, 보디빌딩, 복싱, 볼링, 빙상, 사격, 세팍타크로, 소프트볼, 소프트테니스, 수상스키, 수영, 스쿼시, 스킨스쿠버, 승마, 씨름, 아이스하키, 야구, 양궁, 에어로빅, 오리엔티어링, 요트, 우슈, 윈드서핑, 유도, 육상, 인라인스케이트, 자전거, 조정, 족구, 주짓수, 줄넘기, 철인3종경기, 체조, 축구, 치어리딩, 카누, 킥복싱, 탁구, 태권도, 택견, 테니스, 파크골프, 패러글라이딩, 펜싱, 풋살, 플로어볼, 하키, 합기도, 핸드볼, 행글라이딩, 힙합

1급 생활스포츠지도사

	자격요건	취득절차				
		필기	실기	구술	연수(시간)	스포츠윤리교육
일반과정	• '25.3.17 현재 해당 자격 종목의 2급 생활스포츠지도사 자격을 취득한 후 3년 이상 해당 자격종목의 지도경력이 있는 사람	○	○	○	○(120)	
특별과정	• '25.6.2 현재 학교체육교사(학교체육교사였던 사람을 포함)로서 「초·중등교육법」 별표2에 따른 중등학교 정교사(1급·2급) 또는 준교사 자격(체육과목)을 가지고, 같은 법 제2조에 따른 학교에서 체육교사로 재직하면서 해당 자격 종목의 지도경력이 3년 이상일 것			○	○(40)	
	• '25.7.22 현재 해당 자격 종목의 국가대표선수(국가대표선수였던 사람을 포함)로서 국제올림픽위원회, 아시아올림픽평의회, 종목별 국제연맹, 종목별 아시아연맹에서 주최하는 국제대회 중 어느 하나에 참가한 경력이 있을 것				○(40)	
	• '25.6.2 현재 문화체육관광부장관이 지정한 프로스포츠단체(축구, 야구, 농구, 배구, 골프 종목에 한함)에 등록된 프로스포츠선수(프로스포츠선수였던 사람을 포함)로서 해당 자격 종목의 프로스포츠단체 선수경력 3년 이상일 것				○(40)	
	• '25.6.2 현재 해당 자격 종목의 1급 전문스포츠지도사 자격을 가지고 동일한 종목의 자격을 취득하려는 사람				○	○주1)
	• '25.3.17 현재 해당 자격 종목의 2급 전문스포츠지도사 자격을 가지고 동일한 종목의 자격을 취득하려는 사람	○			○(40)	
추가취득	• '25.6.2 현재 1급 생활스포츠지도사 자격을 가지고 보유한 자격 종목이 아닌 다른 종목의 자격을 취득하려는 사람		○			○주1)

필기	온라인 접수	증빙서류 제출	응시수수료 납부	시험일	합격자 발표	필기과목(4과목)
	3.13 ~ 3.17	3.13 ~ 3.19	3.13 ~ 3.19	4.26	5.16	건강교육론, 운동상해, 체육측정평가론, 트레이닝론

실기구술	온라인 접수 및 증빙서류 제출	응시수수료 납부	시험일	합격자 발표	실기 및 구술검정기관
	5.28 ~ 6.2	5.28 ~ 6.2	6.5 ~ 7.3	7.11	대한체육회(태권도 제외), 국기원(태권도)

연수	등록 및 연수비 납부	연수	현장실습	합격자 발표 및 자격증 발급	연수기관
	(정기접수)7.17 ~ 7.22 (추가접수)7.24 ~ 7.28주2)	8.2 ~ 10.19	8.2 ~ 10.19	12.5	국민체육진흥공단, 원광대

스포츠윤리교육	접수 및 교육	합격자 발표 및 자격증 발급	교육기관
	8.4 ~ 9.26	12.5	스포츠윤리센터 (edu.k-sec.or.kr)

주1) 스포츠윤리센터 체육지도자 연수과정(3시간)
주2) 연수 추가접수는 정기 접수 후 연수비 미납으로 결원 발생 시 시행

2급 생활스포츠지도사

	자격요건	취득절차				
		필기	실기	구술	연수(시간)	스포츠윤리교육
일반과정	• '25.3.31 현재 18세 이상인 사람	○	○	○	○(90)	
특별과정	• '25.6.2 현재 해당 자격 종목의 유소년 또는 노인 스포츠지도사 자격을 가지고 동일한 종목의 자격을 취득하려는 사람			○	○(40)	
	• '25.6.2 현재 2급 장애인스포츠지도사 자격을 가지고 보유한 자격 종목이 아닌 다른 종목(별표1 제3호의 비고에서 다른 종목으로 보는 경우를 포함)의 자격을 취득하려는 사람		○		○(40)	
	• '25.6.2 현재 유소년 또는 노인스포츠지도사 자격을 가지고 보유한 자격 종목이 아닌 다른 종목의 자격을 취득하려는 사람				○(40)	
추가취득	• '25.6.2 현재 2급 생활스포츠지도사 자격을 가지고 보유한 자격 종목이 아닌 다른 종목의 자격을 취득하려는 사람		○			○주1)

필기	온라인 접수 및 응시수수료 납부	시험일	합격자 발표	필기과목(7과목 중 5과목 선택)
	(정기접수)3.27 ~ 3.31 (추가접수)4.3 ~ 4.4주2)	4.26	5.16	스포츠교육학, 스포츠사회학, 스포츠심리학, 스포츠윤리, 운동생리학, 운동역학, 한국체육사

실기구술	온라인 접수 및 응시수수료 납부	시험일	합격자 발표	실기 및 구술검정기관
	5.28 ~ 6.2	6.5 ~ 7.3	7.11	대한체육회(태권도 제외), 국기원(태권도)

연수	등록 및 연수비 납부	연수	현장실습	합격자 발표 및 자격증 발급	연수기관
	(정기접수)7.17 ~ 7.22 (추가접수)7.24 ~ 7.28주3)	8.2 ~ 10.19	8.2 ~ 10.19	12.5	강릉원주대 등 27개 기관

스포츠윤리교육	접수 및 교육	합격자 발표 및 자격증 발급	교육기관
	8.4 ~ 9.26	12.5	스포츠윤리센터 (edu.k-sec.or.kr)

주1) 스포츠윤리센터 체육지도자 연수과정(3시간)
주2) 필기 추가접수는 정기 접수 후 남은좌석(미납자)에 대해서 시행
주3) 연수 추가접수는 정기 접수 후 연수비 미납으로 결원 발생 시 시행

생활스포츠지도사(동계)

■ 공통사항: 18세 이상인 사람

자격종목(1개 종목) | 스키

1급 생활스포츠지도사

	자격요건	취득절차				
		실기	구술	필기	연수(시간)	스포츠윤리교육
일반과정	• '25.2.5 현재 해당 자격 종목의 2급 생활스포츠지도사 자격을 취득한 후 3년 이상 해당 자격종목의 지도경력이 있는 사람	○	○	○	○(120)	
특별과정	• '25.2.5 현재 학교체육교사(학교체육교사였던 사람을 포함)로서 「초·중등교육법」 별표2에 따른 중등학교 정교사(1급·2급) 또는 준교사 자격(체육과목)을 가지고, 같은 법 제2조에 따른 학교에서 체육교사로 재직하면서 해당 자격 종목의 지도경력이 3년 이상일 것	○	○		○(40)	
	• '25.7.22 현재 해당 자격 종목의 국가대표선수(국가대표선수였던 사람을 포함)로서 국제올림픽위원회, 아시아올림픽평의회, 종목별 국제연맹, 종목별 아시아연맹에서 주최하는 국제대회 중 어느 하나에 참가한 경력이 있을 것				○(40)	
	• '25.2.5 현재 해당 자격 종목의 1급 전문스포츠지도사 자격을 가지고 동일한 종목의 자격을 취득하려는 사람					○(주1)
	• '25.2.5 현재 해당 자격 종목의 2급 전문스포츠지도사 자격을 가지고 동일한 종목의 자격을 취득하려는 사람				○(40)	
추가취득	• '25.2.5 현재 1급 생활스포츠지도사 자격을 가지고 보유한 자격 종목이 아닌 다른 종목의 자격을 취득하려는 사람	○	○			○(주1)
실기구술	온라인 접수 및 증빙서류 제출 1.31 ~ 2.5	응시수수료 납부 1.31 ~ 2.5	시험일 2.11 ~ 3.9	합격자 발표 3.12	실기 및 구술검정기관 대한체육회		
필기	온라인 접수 3.13 ~ 3.17	응시수수료 납부 3.13 ~ 3.19	시험일 4.26	합격자 발표 5.16	필기과목(4과목) 건강교육론, 운동상해, 체육측정평가론, 트레이닝론		
연수	등록 및 연수비 납부 (정기접수)7.17 ~ 7.22 (추가접수)7.24 ~ 7.28(주2)	연수 8.2 ~ 10.19	현장실습 8.2 ~ 10.19	합격자 발표 및 자격증 발급 12.5	연수기관 국민체육진흥공단, 원광대		
스포츠윤리교육	접수 및 교육 3.31 ~ 5.9			합격자 발표 및 자격증 발급 7.11	교육기관 스포츠윤리센터 (edu.k-sec.or.kr)		

주1) 스포츠윤리센터 체육지도자 연수과정(3시간)
주2) 연수 추가접수는 정기 접수 후 연수비 미납으로 결원 발생 시 시행

2급 생활스포츠지도사

	자격요건	취득절차				
		실기	구술	필기	연수(시간)	스포츠윤리교육
일반과정	• '25.2.5 현재 18세 이상인 사람	○	○	○	○(90)	
특별과정	• '25.2.5 현재 해당 자격 종목의 유소년 또는 노인 스포츠지도사 자격을 가지고 동일한 종목의 자격을 취득하려는 사람		○		○(40)	
	• '25.2.5 현재 2급 장애인스포츠지도사 자격을 가지고 보유한 자격 종목이 아닌 다른 종목(별표1 제3호의 비고에서 다른 종목으로 보는 경우를 포함)의 자격을 취득하려는 사람		○		○(40)	
	• '25.2.5 현재 유소년 또는 노인스포츠지도사 자격을 가지고 보유한 자격 종목이 아닌 다른 종목의 자격을 취득하려는 사람	○	○		○(40)	
추가취득	• '25.2.5 현재 2급 생활스포츠지도사 자격을 가지고 보유한 자격 종목이 아닌 다른 종목의 자격을 취득하려는 사람	○	○			○(주1)
실기구술	온라인 접수 및 응시수수료 납부 1.31 ~ 2.5	시험일 2.11 ~ 3.9	합격자 발표 3.12	실기 및 구술검정기관 대한체육회			
필기	온라인 접수 및 응시수수료 납부 (정기접수)3.27 ~ 3.31 (추가접수)4.3 ~ 4.4(주2)	시험일 4.26	합격자 발표 5.16	필기과목(7과목 중 5과목 선택) 스포츠교육학, 스포츠사회학, 스포츠심리학, 스포츠윤리, 운동생리학, 운동역학, 한국체육사			
연수	등록 및 연수비 납부 (정기접수)7.17 ~ 7.22 (추가접수)7.24 ~ 7.28(주3)	연수 8.2 ~ 10.19	현장실습 8.2 ~ 10.19	합격자 발표 및 자격증 발급 12.5	연수기관 강릉원주대 등 27개 기관		
스포츠윤리교육	접수 및 교육 3.31 ~ 5.9			합격자 발표 및 자격증 발급 7.11	교육기관 스포츠윤리센터 (edu.k-sec.or.kr)		

주1) 스포츠윤리센터 체육지도자 연수과정(3시간)
주2) 필기 추가접수는 정기 접수 후 남은좌석(미납자)에 대해서 시행
주3) 연수 추가접수는 정기 접수 후 연수비 미납으로 결원 발생 시 시행

장애인스포츠지도사(하계)

■ 공통사항: 18세 이상인 사람

자격종목(30개 종목) | 계절영향이 없는 동계종목(아이스하키, 컬링 등) 포함/ * 가라테, 레슬링, 오리엔티어링, 핸드볼은 검정기관의 요청에 따라 시행 보류

골볼, 농구, 당구, 댄스스포츠, 럭비, 론볼, 배구, 배드민턴, 보치아, 볼링, 사격, 사이클, 수영, 승마, 아이스하키, 양궁, 역도, 요트, 유도, 육상, 조정, 축구, 카누, 컬링, 탁구, 태권도, 테니스, 트라이애슬론, 파크골프, 펜싱

1급 장애인스포츠지도사

	자격요건			취득절차			
				필기	실기	구술	연수(시간)
일반과정	• '25.3.17 현재 해당 자격 종목의 2급 장애인스포츠지도사 자격을 취득한 후 3년 이상 해당 자격종목의 지도경력이 있는 사람			○	○	○	○ (250)
특별과정	• '25.7.22 현재 국가대표선수(국가대표선수였던 사람을 포함)로서 다음 요건을 모두 갖춘 사람 – 해당 자격 종목의 국가대표선수로 국제장애인올림픽위원회, 아시아장애인올림픽위원회, 국제스포츠연맹, 국제장애인올림픽위원회스포츠연맹, 국제장애유형별 스포츠연맹에서 주최하는 국제대회 중 어느 하나에 참가한 경력이 있을 것 – 해당 자격 종목의 2급 장애인스포츠지도사자격을 취득한 후 해당 자격종목의 3년 이상 경기지도경력이 있을 것						○ (250)

필기	온라인 접수	증빙서류 제출	응시수수료 납부	시험일	합격자 발표	필기과목(4과목)
	3.13 ~ 3.17	3.13 ~ 3.19	3.13 ~ 3.19	4.26	5.16	운동상해, 장애인스포츠론, 체육측정평가론, 트레이닝론

실기구술	온라인 접수 및 응시수수료 납부	시험일	합격자 발표	실기 및 구술검정기관
	5.28 ~ 6.2	6.5 ~ 7.3	7.11	대한장애인체육회(태권도 제외), 국기원(태권도)

연수	등록 및 연수비 납부	연수	현장실습	합격자 발표 및 자격증 발급	연수기관
	(정기접수)7.17 ~ 7.22 (추가접수)7.24 ~ 7.28[주1]	8.2 ~ 12.6	9.1 ~ 12.6	12.19	국민체육진흥공단

주1) 연수 추가접수는 정기 접수 후 연수비 미납으로 결원 발생 시 시행

2급 장애인스포츠지도사

	자격요건	취득절차				
		필기	실기	구술	연수(시간)	스포츠윤리교육
일반과정	• '25.3.31 현재 18세 이상인 사람	○	○	○	○ (90)	
특별과정	• '25.6.2 현재 학교체육교사(학교체육교사였던 사람을 포함)로서 「초·중등교육법」 별표 2에 따른 중등학교 정교사(1급·2급) 또는 준교사 자격(체육과목)이나 특수학교 정교사 또는 준교사 자격을 가지고 「장애인 등에 대한 특수교육법」제2조제10호에 따른 특수교육기관에서 체육교사로 재직하면서 해당 자격 종목의 지도경력이 3년 이상일 것		○	○	○ (40)	
	• '25.6.2 현재 해당 자격 종목의 국가대표선수(국가대표선수였던 사람을 포함)로서 국제장애인올림픽위원회, 아시아장애인올림픽위원회, 국제스포츠연맹, 국제장애인올림픽위원회스포츠연맹, 국제장애유형별스포츠연맹에서 주최하는 국제대회 중 어느 하나에 참가한 경력이 있을 것			○	○ (40)	
	• '25.3.31 현재 2급 생활스포츠지도사 자격을 가지고 보유한 자격 종목이 아닌 다른 종목(별표 1 제2호의 비고에서 다른 종목으로 보는 경우를 포함)의 자격을 취득하려는 사람	○[주1] (1과목)	○	○	○ (40)	
	• '25.3.31 현재 유소년스포츠지도사 자격을 가지고 보유한 자격 종목이 아닌 다른 종목(별표 1 제4호의 비고에서 다른 종목으로 보는 경우를 포함)의 자격을 취득하려는 사람	○[주1] (1과목)	○	○	○ (40)	
	• '25.3.31 현재 노인스포츠지도사 자격을 가지고 보유한 자격 종목이 아닌 다른 종목(별표 1 제5호의 비고에서 다른 종목으로 보는 경우를 포함)의 자격을 취득하려는 사람	○[주1] (1과목)	○	○	○ (40)	
추가취득	• '25.6.2 현재 2급 장애인스포츠지도사 자격을 가지고 보유한 자격 종목이 아닌 다른 종목의 자격을 취득하려는 사람		○	○		○[주2]

필기	온라인 접수 및 응시수수료 납부	시험일	합격자 발표	필기과목(5과목)
	(정기접수)3.27 ~ 3.31 (추가접수)4.3 ~ 4.4[주3]	4.26	5.16	필수(1): 특수체육론 선택(4): 스포츠교육학, 스포츠사회학, 스포츠심리학, 스포츠윤리, 운동생리학, 운동역학, 한국체육사

실기구술	온라인 접수 및 증빙서류 제출	응시수수료 납부	시험일	합격자 발표	실기 및 구술검정기관
	5.28 ~ 6.2	5.28 ~ 6.2	6.5 ~ 7.3	7.11	대한장애인체육회(태권도 제외), 국기원(태권도)

연수	등록 및 연수비 납부	연수	현장실습	합격자 발표 및 자격증 발급	연수기관
	(정기접수)7.17 ~ 7.22 (추가접수)7.24 ~ 7.28[주4]	8.2 ~ 10.19	8.2 ~ 10.19	12.5	백석대, 신라대, 용인대, 원광대, 한국체대

스포츠윤리교육	접수 및 교육	합격자 발표 및 자격증 발급	교육기관
	8.4 ~ 9.26	12.5	스포츠윤리센터 (edu.k-sec.or.kr)

주1) 필기1과목: 특수체육론
주2) 스포츠윤리센터 체육지도자 연수과정(3시간)
주3) 필기 추가접수는 정기 접수 후 남은좌석(미납자)에 대해서 시행
주4) 연수 추가접수는 정기 접수 후 연수비 미납으로 결원 발생 시 시행

장애인스포츠지도사(동계)

■ 공통사항: 18세 이상인 사람

자격종목(3개 종목) | 스노보드, 알파인스키, 바이애슬론·크로스컨트리

1급 장애인스포츠지도사

	자격요건				취득절차			
					실기	구술	필기	연수(시간)
일반 과정	• '25.2.5 현재 해당 자격 종목의 2급 장애인스포츠지도사 자격을 취득한 후 3년 이상 해당 자격종목의 지도경력이 있는 사람				○	○	○	○ (250)
특별 과정	• '25.7.22 국가대표선수(국가대표선수였던 사람을 포함)로서 다음 요건을 모두 갖춘 사람 – 해당 자격 종목의 국가대표선수로 국제장애인올림픽위원회, 아시아장애인올림픽위원회, 국제스포츠연맹, 국제장애인올림픽위원회스포츠연맹, 국제장애유형별 스포츠연맹에서 주최하는 국제대회 중 어느 하나에 참가한 경력이 있을 것 – 해당 자격 종목의 2급 장애인스포츠지도사자격을 취득한 후 해당 자격종목의 3년 이상 경기지도경력이 있을 것							○ (250)

실기 구술	온라인 접수 및 증빙서류 제출	응시수수료 납부	시험일	합격자 발표	실기 및 구술검정기관
	1.31 ~ 2.5	1.31 ~ 2.5	2.11 ~ 3.9	3.12	대한장애인체육회
필기	온라인 접수 및 응시수수료 납부		시험일	합격자 발표	필기과목(4과목)
	3.13 ~ 3.17		4.26	5.16	운동상해, 장애인스포츠론, 체육측정평가론, 트레이닝론
연수	등록 및 연수비 납부	연수	현장실습	합격자 발표 및 자격증 발급	연수기관
	(정기접수)7.17 ~ 7.22 (추가접수)7.24 ~ 7.28*주1)	8.2 ~ 12.6	9.1 ~ 12.6	12.19	국민체육진흥공단

주1) 연수 추가접수는 정기 접수 후 연수비 미납으로 결원 발생 시 시행

2급 장애인스포츠지도사

	자격요건	취득절차				
		실기	구술	필기	연수(시간)	스포츠윤리교육
일반 과정	• '25.2.5 현재 18세 이상인 사람	○	○	○	○ (90)	
특별 과정	• '25.2.5 현재 학교체육교사(학교체육교사였던 사람을 포함)로서 「초·중등교육법」 별표 2에 따른 중등학교 정교사(1급·2급) 또는 준교사 자격(체육과목)이나 특수학교 정교사 또는 준교사 자격을 가지고 「장애인 등에 대한 특수교육법」 제2조제10호에 따른 특수교육기관에서 체육교사로 재직하면서 해당 자격 종목의 지도경력이 3년 이상일 것	○	○		○ (40)	
	• '25.2.5 현재 해당 자격 종목의 국가대표선수(국가대표선수였던 사람을 포함)로서 국제장애인올림픽위원회, 아시아장애인올림픽위원회, 국제스포츠연맹, 국제장애인올림픽위원회스포츠연맹, 국제장애유형별스포츠연맹에서 주최하는 국제대회 중 어느 하나에 참가한 경력이 있을 것		○		○ (40)	
	• '25.2.5 현재 2급 생활스포츠지도사 자격을 가지고 보유한 자격 종목이 아닌 다른 종목(별표 1 제2호의 비고에서 다른 종목으로 보는 경우를 포함)의 자격을 취득하려는 사람	○	○	○*주1) (1과목)	○ (40)	
	• '25.2.5 현재 유소년스포츠지도사 자격을 가지고 보유한 자격 종목이 아닌 다른 종목(별표 1 제4호의 비고에서 다른 종목으로 보는 경우를 포함)의 자격을 취득하려는 사람	○	○	○*주1) (1과목)	○ (40)	
	• '25.2.5 현재 노인스포츠지도사 자격을 가지고 보유한 자격 종목이 아닌 다른 종목(별표 1 제5호의 비고에서 다른 종목으로 보는 경우를 포함)의 자격을 취득하려는 사람	○	○	○*주1) (1과목)	○ (40)	
추가 취득	• '25.2.5 현재 2급 장애인스포츠지도사 자격을 가지고 보유한 자격 종목이 아닌 다른 종목의 자격을 취득하려는 사람	○	○			○*주2)

실기 구술	온라인 접수 및 증빙서류 제출	응시수수료 납부	시험일	합격자 발표	실기 및 구술검정기관	
	1.31 ~ 2.5	1.31 ~ 2.5	2.11 ~ 3.9	3.12	대한체육회	
필기	온라인 접수 및 응시수수료 납부		시험일	합격자 발표	필기과목(5과목)	
	(정기접수)3.27 ~ 3.31 (추가접수)4.3 ~ 4.4*주3)		4.26	5.16	필수(1): 특수체육론 선택(4): 스포츠교육학, 스포츠사회학, 스포츠심리학, 스포츠윤리, 운동생리학, 운동역학, 한국체육사	
연수	등록 및 연수비 납부	연수	현장실습	합격자 발표 및 자격증 발급	연수기관	
	(정기접수)7.17 ~ 7.22 (추가접수)7.24 ~ 7.28*주4)	8.2 ~ 10.19	8.2 ~ 10.19	12.5	백석대, 신라대, 용인대, 원광대, 한국체대	
스포츠윤리교육	접수 및 교육		합격자 발표 및 자격증 발급		교육기관	
	3.31 ~ 5.9		7.11		스포츠윤리센터 (edu.k-sec.or.kr)	

주1) 필기1과목: 특수체육론
주2) 스포츠윤리센터 체육지도자 연수과정(3시간)
주3) 필기 추가접수는 정기 접수 후 남은좌석(미납자)에 대해서 시행
주4) 연수 추가접수는 정기 접수 후 연수비 미납으로 결원 발생 시 시행

유소년스포츠지도사(하계)

■ 공통사항: 18세 이상인 사람

자격종목(61개 종목) | 계절영향이 없는 동계종목(빙상, 아이스하키 등) 포함

검도, 게이트볼, 골프, 궁도, 농구, 당구, 댄스스포츠, 등산, 라켓볼, 럭비, 레슬링, 레크리에이션, 배구, 배드민턴, 보디빌딩, 복싱, 볼링, 빙상, 사격, 세팍타크로, 소프트테니스, 수상스키, 수영, 스쿼시, 스킨스쿠버, 승마, 씨름, 아이스하키, 야구, 양궁, 에어로빅, 오리엔티어링, 요트, 우슈, 윈드서핑, 유도, 육상, 인라인스케이트, 자전거, 조정, 족구, 줄넘기, 철인3종경기, 체조, 축구, 카누, 탁구, 태권도, 택견, 테니스, 파크골프, 패러글라이딩, 펜싱, 풋살, 플라잉디스크, 플로어볼, 피구, 하키, 합기도, 핸드볼, 행글라이딩

	자격요건	취득절차				
		필기	실기	구술	연수 (시간)	스포츠 윤리 교육
일반 과정	• '25.3.31 현재 18세 이상인 사람	○	○	○	○ (120)	
특별 과정	• '25.6.2 현재 학교체육교사(학교체육교사였던 사람을 포함)로서 「초·중등교육법」별표 2에 따른 중등학교 정교사(1급·2급) 또는 준교사 자격(체육과목)을 가지고, 같은 법 제2조에 따른 학교에서 체육교사로 재직하면서 해당 자격 종목의 지도경력이 3년 이상일 것		○	○	○ (40)	
	• '25.6.2 현재 해당 자격 종목의 전문 또는 생활 또는 노인스포츠지도사 자격을 가지고 동일한 종목의 자격을 취득하려는 사람				○ (40)	
	• '25.6.2 현재 2급 생활스포츠지도사 자격을 가지고 보유한 자격 종목이 아닌 다른 종목의 자격을 취득하려는 사람		○	○	○ (40)	
	• '25.6.2 현재 2급 장애인스포츠지도사 자격을 가지고 보유한 자격 종목이 아닌 다른 종목(별표1 제3호의 비고에서 다른 종목으로 보는 경우를 포함)의 자격을 취득하려는 사람		○	○	○ (40)	
	• '25.6.2 현재 노인스포츠지도사 자격을 가지고 보유한 자격 종목이 아닌 다른 종목의 자격을 취득하려는 사람		○	○	○ (40)	
추가 취득	• '25.6.2 현재 유소년스포츠지도사 자격을 가지고 보유한 자격 종목이 아닌 다른 종목의 자격을 취득하려는 사람		○	○		○주1)

필기	온라인 접수 및 응시수수료 납부	시험일	합격자 발표	필기과목(5과목)		
	(정기접수)3.27 ~ 3.31 (추가접수)4.3 ~ 4.4주2)	4.26	5.16	필수(1): 유아체육론 선택(4): 스포츠교육학, 스포츠사회학, 스포츠심리학, 스포츠윤리, 운동생리학, 운동역학, 한국체육사		
실기 구술	온라인 접수 및 증빙서류 제출	응시수수료 납부	시험일	합격자 발표	실기 및 구술검정기관	
	5.28 ~ 6.2	5.28 ~ 6.2	6.5 ~ 7.3	7.11	대한체육회(태권도 제외), 국기원(태권도)	
연수	등록 및 연수비 납부	연수	현장실습	합격자 발표 및 자격증 발급	연수기관	
	(정기접수)7.17 ~ 7.22 (추가접수)7.24 ~ 7.28주3)	8.2 ~ 10.19	8.2 ~ 10.19	12.5	가톨릭관동대, 경남대, 광주대, 을지대, 중앙대, 호서대	
스포츠 윤리교육	접수 및 교육	합격자 발표 및 자격증 발급			교육기관	
	8.4 ~ 9.26	12.5			스포츠윤리센터 (edu.k-sec.or.kr)	

주1) 스포츠윤리센터 체육지도자 연수과정(3시간)
주2) 필기 추가접수는 정기 접수 후 남은좌석(미납자)에 대해서 시행
주3) 연수 추가접수는 정기 접수 후 연수비 미납으로 결원 발생 시 시행

노인스포츠지도사(하계)

■ 공통사항: 18세 이상인 사람

자격종목(59개 종목) | 계절영향이 없는 동계종목(빙상, 아이스하키 등) 포함

검도, 게이트볼, 골프, 국학기공, 궁도, 그라운드골프, 농구, 당구, 댄스스포츠, 등산, 라켓볼, 럭비, 레슬링, 레크리에이션, 배구, 배드민턴, 보디빌딩, 복싱, 볼링, 빙상, 사격, 세팍타크로, 소프트테니스, 수상스키, 수영, 스쿼시, 스킨스쿠버, 승마, 씨름, 아이스하키, 야구, 양궁, 에어로빅, 오리엔티어링, 요트, 우슈, 윈드서핑, 유도, 육상, 인라인스케이트, 자전거, 조정, 족구, 철인3종경기, 체조, 축구, 카누, 탁구, 태권도, 택견, 테니스, 파크골프, 패러글라이딩, 펜싱, 풋살, 하키, 합기도, 핸드볼, 행글라이딩

	자격요건	취득절차				
		필기	실기	구술	연수 (시간)	스포츠 윤리 교육
일반 과정	• '25.3.31 현재 18세 이상인 사람	○	○	○	○ (120)	
특별 과정	• '25.6.2 현재 해당 자격 종목의 전문 또는 생활 또는 유소년스포츠지도사 자격을 가지고 동일한 종목의 자격을 취득하려는 사람				○ (40)	
	• '25.6.2 현재 2급 생활스포츠지도사 자격을 가지고 보유한 자격 종목이 아닌 다른 종목의 자격을 취득하려는 사람		○	○	○ (40)	
	• '25.6.2 현재 2급 장애인스포츠지도사 자격을 가지고 보유한 자격 종목이 아닌 다른 종목(별표1 제3호의 비고에서 다른 종목으로 보는 경우를 포함)의 자격을 취득하려는 사람		○	○	○ (40)	
	• '25.6.2 현재 유소년스포츠지도사 자격을 가지고 보유한 자격 종목이 아닌 다른 종목의 자격을 취득하려는 사람		○	○	○ (40)	
추가 취득	• '25.6.2 현재 노인스포츠지도사 자격을 가지고 보유한 자격 종목이 아닌 다른 종목의 자격을 취득하려는 사람		○	○		○주1)

필기	온라인 접수 및 응시수수료 납부	시험일	합격자 발표	필기과목(5과목)		
	(정기접수)3.27 ~ 3.31 (추가접수)4.3 ~ 4.4주2)	4.26	5.16	필수(1): 노인체육론 선택(4): 스포츠교육학, 스포츠사회학, 스포츠심리학, 스포츠윤리, 운동생리학, 운동역학, 한국체육사		
실기 구술	온라인 접수 및 응시수수료 납부	시험일	합격자 발표	실기 및 구술검정기관	
	5.28 ~ 6.2	6.5 ~ 7.3	7.11	대한체육회(태권도 제외), 국기원(태권도)	
연수	등록 및 연수비 납부	연수	현장실습	합격자 발표 및 자격증 발급	연수기관	
	(정기접수)7.17 ~ 7.22 (추가접수)7.24 ~ 7.28주3)	8.2 ~ 10.19	8.2 ~ 10.19	12.5	가톨릭관동대, 경희대, 대전대, 목포대, 신라대, 연세대, 호남대, 이화여대	
스포츠 윤리교육	접수 및 교육	합격자 발표 및 자격증 발급			교육기관	
	8.4 ~ 9.26	12.5			스포츠윤리센터 (edu.k-sec.or.kr)	

주1) 스포츠윤리센터 체육지도자 연수과정(3시간)
주2) 필기 추가접수는 정기 접수 후 남은좌석(미납자)에 대해서 시행
주3) 연수 추가접수는 정기 접수 후 연수비 미납으로 결원 발생 시 시행

유소년스포츠지도사(동계)

■ 공통사항: 18세 이상인 사람

자격종목(1개 종목) | 스키

자격요건		취득절차				
		실기	구술	필기	연수(시간)	스포츠윤리교육
일반과정	• '25.2.5 현재 18세 이상인 사람	○	○	○	○(90)	
특별과정	• '25.2.5 현재 학교체육교사(학교체육교사 였던 사람을 포함)로서「초·중등교육법」별표 2에 따른 중등학교 정교사(1급·2급) 또는 준교사 자격(체육 과목)을 가지고, 같은 법 제2조에 따른 학교에서 체육교사로 재직하면서 해당 자격 종목의 지도경력이 3년 이상일 것	○	○		○(40)	
	• '25.2.5 현재 해당 자격 종목의 전문 또는 생활 또는 노인스포츠지도사 자격을 가지고 동일한 종목의 자격을 취득하려는 사람		○		○(40)	
	• '25.2.5 현재 2급 생활스포츠지도사 자격을 가지고 보유한 자격 종목이 아닌 다른 종목의 자격을 취득하려는 사람	○	○		○(40)	
	• '25.2.5 현재 2급 장애인스포츠지도사 자격을 가지고 보유한 자격 종목이 아닌 다른 종목(별표1 제3호의 비고에서 다른 종목으로 보는 경우를 포함)의 자격을 취득하려는 사람	○	○		○(40)	
	• '25.2.5 현재 노인스포츠지도사 자격을 가지고 보유한 자격 종목이 아닌 다른 종목의 자격을 취득하려는 사람	○	○		○(40)	
추가취득	• '25.2.5 현재 유소년스포츠지도사 자격을 가지고 보유한 자격 종목이 아닌 다른 종목의 자격을 취득하려는 사람	○	○			○주1)

실기구술	온라인 접수 및 증빙서류 제출	응시수수료 납부	시험일	합격자 발표	실기 및 구술검정기관		
	1.31 ~ 2.5	1.31 ~ 2.5	2.11 ~ 3.9	3.12	대한체육회		
필기	온라인 접수 및 응시수수료 납부		시험일	합격자 발표	필기과목(5과목)		
	(정기접수)3.27 ~ 3.31 (추가접수)4.3 ~ 4.4주2)		4.26	5.16	필수(1): 유아체육론 선택(4): 스포츠교육학, 스포츠사회학, 스포츠심리학, 스포츠윤리, 운동생리학, 운동역학, 한국체육사		
연수	등록 및 연수비 납부	연수	현장실습	합격자 발표 및 자격증 발급	연수기관		
	(정기접수)7.17 ~ 7.22 (추가접수)7.24 ~ 7.28주3)	8.2 ~ 10.19	8.2 ~ 10.19	12.5	가톨릭관동대, 경남대, 광주대, 을지대, 중앙대, 호서대		
스포츠윤리교육	접수 및 교육		합격자 발표 및 자격증 발급		교육기관		
	3.31 ~ 5.9		7.11		스포츠윤리센터 (edu.k-sec.or.kr)		

주1) 스포츠윤리센터 체육지도자 연수과정(3시간)
주2) 필기 추가접수는 정기 접수 후 남은좌석(미납자)에 대해서 시행
주3) 연수 추가접수는 정기 접수 후 연수비 미납으로 결원 발생 시 시행

노인스포츠지도사(동계)

■ 공통사항: 18세 이상인 사람

자격종목(1개 종목) | 스키

자격요건		취득절차				
		실기	구술	필기	연수(시간)	스포츠윤리교육
일반과정	• '25.2.5 현재 18세 이상인 사람	○	○	○	○(90)	
특별과정	• '25.2.5 현재 해당 자격 종목의 전문 또는 생활 또는 유소년스포츠지도사 자격을 가지고 동일한 종목의 자격을 취득하려는 사람		○		○(40)	
	• '25.2.5 현재 2급 생활스포츠지도사 자격을 가지고 보유한 자격 종목이 아닌 다른 종목의 자격을 취득하려는 사람	○	○		○(40)	
	• '25.2.5 현재 2급 장애인스포츠지도사 자격을 가지고 보유한 자격 종목이 아닌 다른 종목(별표1 제3호의 비고에서 다른 종목으로 보는 경우를 포함)의 자격을 취득하려는 사람	○	○		○(40)	
	• '25.2.5 현재 유소년스포츠지도사 자격을 가지고 보유한 자격 종목이 아닌 다른 종목의 자격을 취득하려는 사람	○	○		○(40)	
추가취득	• '25.2.5 현재 노인스포츠지도사 자격을 가지고 보유한 자격 종목이 아닌 다른 종목의 자격을 취득하려는 사람	○	○			○주1)

실기구술	온라인 접수 및 응시수수료 납부		시험일	합격자 발표	실기 및 구술검정기관		
	1.31 ~ 2.5		2.11 ~ 3.9	3.12	대한체육회		
필기	온라인 접수 및 응시수수료 납부		시험일	합격자 발표	필기과목(5과목)		
	(정기접수)3.27 ~ 3.31 (추가접수)4.3 ~ 4.4주2)		4.26	5.16	필수(1): 노인체육론 선택(4): 스포츠교육학, 스포츠사회학, 스포츠심리학, 스포츠윤리, 운동생리학, 운동역학, 한국체육사		
연수	등록 및 연수비 납부	연수	현장실습	합격자 발표 및 자격증 발급	연수기관		
	(정기접수)7.17 ~ 7.22 (추가접수)7.24 ~ 7.28주3)	8.2 ~ 10.19	8.2 ~ 10.19	12.5	가톨릭관동대, 경희대, 대전대, 목포대, 신라대, 연세대, 호남대, 이화여대		
스포츠윤리교육	접수 및 교육		합격자 발표 및 자격증 발급		교육기관		
	3.31 ~ 5.9		7.11		스포츠윤리센터 (edu.k-sec.or.kr)		

주1) 스포츠윤리센터 체육지도자 연수과정(3시간)
주2) 필기 추가접수는 정기 접수 후 남은좌석(미납자)에 대해서 시행
주3) 연수 추가접수는 정기 접수 후 연수비 미납으로 결원 발생 시 시행

건강운동관리사

■ 공통사항: 18세 이상인 사람

건강운동관리사

자격요건						취득절차			
						필기	실기	구술	연수(시간)
일반과정	• '25.5.12 현재「고등교육법」제2조에 따른 학교에서 체육 분야에 관한 학문을 전공하고 졸업한 사람(졸업예정자 포함)이거나 법령에 따라 이와 같은 수준의 학력이 있다고 인정되는 사람[주1] – 체육 분야 전문학사, 학사, 석·박사					○	○	○	○(200)
특별과정	• '25.5.12 현재 문화체육관광부장관이 인정하는 외국의 제1호[주2]에 해당하는 학교(학제 또는 교육과정으로 보아 제1호에 따른 학교와 같은 수준이거나 그 이상인 학교를 말한다)에서 체육 분야에 관한 학문을 전공하고 졸업한 사람 – 문체부 장관 인정 외국의 체육 분야 전문학사, 학사, 석·박사					○	○	○	○(200)
필기	온라인 접수	증빙서류 제출	응시수수료 납부	시험일	합격자 발표	필기과목(8과목)			
	5.8 ~ 5.12	5.8 ~ 5.14	5.8 ~ 5.14	6.14	6.30	건강·체력평가, 기능해부학(운동역학 포함), 병태생리학, 스포츠심리학, 운동부하검사, 운동상해, 운동생리학, 운동처방론			
실기구술	온라인 접수	증빙서류 제출	응시수수료 납부	시험일	합격자 발표	검정내용			실기 및 구술검정기관
	7.2 ~ 7.7	7.2 ~ 7.8	7.2 ~ 7.8	7.12 ~ 7.13[주3]	7.25	건강/체력측정평가, 운동손상 평가 및 재활, 운동트레이닝방법, 심폐소생술(CPR)·응급처치,			국민체육진흥공단
연수	등록 및 연수비 납부		연수		현장실습	합격자 발표 및 자격증 발급			연수기관
	(정기접수)8.1 ~ 8.5 (추가접수)8.7 ~ 8.11[주4]		8.16 ~ 11.23		8.16 ~ 11.23	12.19			부경대, 순천향대, 연세대, 조선대

주1) 졸업예정자의 경우 2026년 2월 28일까지 졸업(학위)증명서 반드시 제출(필기·실기구술 합격자 포함), 미제출 시 필기·실기구술·연수 합격취소 및 최종 불합격처리(응시수수료 및 연수비 환불 불가)
주2) 제1호: 고등교육법 제2조에 따른 학교
주3) 응시인원에 따라 7월 12일~13일 중 시행 예정으로, 일정 확정 시 추후 홈페이지 공지
주4) 연수 추가접수는 정기 접수 후 연수비 미납으로 결원 발생 시 시행

유의사항

일반사항

❖ 동일 자격등급에 한하여 연간 1인 1종목만 취득 가능(동·하계 중복 응시 불가)
  (예시)2025년 2급 생활 스키 실기구술시험 응시자의 경우, 같은 해 필기시험 시 스키만 선택 가능(스키 실기구술시험 탈락 시, 같은 해 타 종목 필기시험 응시 불가)
❖ 접수 시 선택한 종목은 변경 불가   ※ 2025년 신규 접수자부터 적용
❖ 필기 및 실기구술시험 장소는 추후 체육지도자 홈페이지에 공지 예정
❖ 하계 필기시험 또는 동계 실기구술시험에 합격한 사람에 대해 다음 해에 실시되는 해당 자격검정 1회 면제
❖ 필기시험에 합격한 해의 12월 31일부터 3년 이내에 연수과정을 이수하여야 함. 단, 필기시험을 면제받거나 실기구술시험을 먼저 실시하는 경우에는 실기구술시험에 합격한 해의 12월 31일부터 3년 이내에 연수과정을 이수하여야 함
  ※ 연수면제자는 스포츠윤리센터 체육지도자 연수과정(3시간)을 이수하여야 함
  ※「병역법」에 따른 병역 복무를 위해 군에 입대한 경우 의무복무 기간은 불포함   ※ 코로나19로 인해 연수과정이 시행되지 않은 2020년 1월 1일부터 12월31일까지의 기간은 불포함
❖ 나이 요건 충족 기준일은 각 자격요건별 취득절차 첫 절차의 접수마감일 기준(2007년 출생자 중 해당 과정의 접수마감일 이전 출생)
  ※ (예시)첫 취득절차가 필기인 경우 필기시험 접수마감일 기준, 첫 취득절차가 실기인 경우 실기시험 접수마감일 기준으로 나이요건(18세)을 충족해야 함.
❖ 졸업예정자의 경우 졸업증명서 최종제출일(2026.2.28) 이후 3월에 자격증 발급(사전 발급 불가)
  ※ 졸업예정자의 경우 2026년 2월 28일까지 졸업(학위)증명서 반드시 제출(필기·실기구술 합격자 포함), 미제출 시 필기·실기구술·연수 합격취소 및 최종 불합격처리(응시수수료 및 연수비 환불 불가)

체육지도자 결격사유

❖ 체육지도자 자격증 발급 전 관련법령에 의거 체육지도자 결격사유 조회를 실시하며, 조회 결과 결격사유 해당자는 자격검정 및 연수 합격 취소(응시수수료 및 연수비 환불 불가)

> 국민체육진흥법 제11조의5(체육지도자의 결격사유) 다음 각 호의 어느 하나에 해당하는 사람은 체육지도자가 될 수 없다.
> 1. 피성년후견인
> 2. 금고 이상의 형을 선고받고 그 집행이 종료되거나 집행이 면제된 날부터 2년이 지나지 아니한 사람
> 3. 금고 이상의 형의 집행유예를 선고받고 그 유예기간 중에 있는 사람
> 4. 다음 각 목의 어느 하나에 해당하는 죄를 저지른 사람으로서 금고 이상의 형 또는 치료감호를 선고받고 그 집행이 종료되거나 집행이 유예·면제된 날부터 10년이 지나지 아니하거나 벌금형이 확정된 날부터 10년이 지나지 아니한 사람
>   가.「성폭력범죄의 처벌 등에 관한 특례법」제2조에 따른 성폭력범죄
>   나.「아동·청소년의 성보호에 관한 법률」제2조제2호에 따른 아동·청소년대상 성범죄
> 5. 선수를 대상으로「형법」제2편제25장 상해와 폭행의 죄를 저지른 체육지도자(제12조제1항에 따라 자격이 취소된 사람을 포함한다)로서 금고 이상의 형을 선고받고 그 집행이 종료되거나 집행이 유예·면제된 날부터 10년이 지나지 아니한 사람
> 6. 제12조제1항제1호부터 제4호까지에 따라 자격이 취소(이 조 제1호에 해당하여 자격이 취소된 경우는 제외한다)되거나 같은 조 제3항에 따라 자격검정이 중지 또는 무효로 된 후 3년이 경과되지 아니한 사람

자격검정 합격 및 연수 이수기준

❖ 필기시험: 과목마다 만점의 40% 이상 득점하고 전 과목 총점의 60% 이상 득점
❖ 실기구술시험: 실기시험과 구술시험 각각 만점의 70% 이상 득점
❖ 연수: 연수과정의 100분의 90 이상을 참여하고, 연수태도·체육 지도·현장실습에 대한 평가점수 각각 만점의 100분의 60 이상

기타사항

❖ 체육지도자 자격 관련 모든 지원 및 등록 절차는 체육지도자 홈페이지(https://sqms.kspo.or.kr)에 공지되므로 수시로 홈페이지 확인 요망
❖ 체육지도자 자격검정 및 연수 접수는 온라인 홈페이지를 통해서만 가능

자격검정 및 연수 수수료

- 필기시험: 18,000원   ■ 실기 및 구술시험: 30,000원   ■ 자격증 발급(재발급): 무료 온라인 발급

■ 연수

자격구분		연수 수수료
1급 전문스포츠지도사	일반과정	500,000원
	특별과정	500,000원
2급 전문스포츠지도사	일반과정	200,000원
	특별과정	150,000원
1급 생활스포츠지도사	일반과정	250,000원
	특별과정	150,000원
2급 생활스포츠지도사	일반과정	200,000원
	특별과정	150,000원
건강운동관리사	일반과정	400,000원

자격구분		연수 수수료
유소년스포츠지도사	일반과정	200,000원
	특별과정	150,000원
노인스포츠지도사	일반과정	200,000원
	특별과정	150,000원
1급 장애인스포츠지도사	일반과정	500,000원
	특별과정	500,000원
2급 장애인스포츠지도사	일반과정	250,000원
	특별과정	150,000원

실기구술기관 연락처

자격구분	기관명	전화번호	비고
건강운동관리사	국민체육진흥공단	1670-1859	
전문, 생활, 유소년, 노인 스포츠지도사	대한체육회(태권도 제외)	02)2144-8172	※ 태권도 종목에 한해 국기원을 해당 자격 단일 자격검정기관으로 지정
	국기원(태권도)	063)320-0209~0212	
장애인스포츠지도사	대한장애인체육회(태권도 제외)	02)3434-4575	
	국기원(태권도)	063)320-0209~0212	

연수기관 연락처

자격구분	기관명 및 전화번호						
1급 전문스포츠지도사 (1)	국민체육진흥공단 1670-1859						
2급 전문스포츠지도사 (7)	국기원 02)3469-0163	동아대 051)200-6350	조선대 062)230-7404	중앙대 010-5631-6478, 010-5683-6478	충남대 042)821-6403	한양대 02)2220-1320	한국체대 02)410-6662~4
1급 생활스포츠지도사 (2)	국민체육진흥공단 1670-1859	원광대 063)850-6203					
2급 생활스포츠지도사 (27)	강릉원주대 033)640-2647	강원대 033)250-6780	건국대 043)840-3900	경기대 031)249-1480	경남대 055)249-6380	경북대 053)950-7470	경상대 055)772-4793
	경희대 02)961-9650	계명대 053)580-5770	군산대 063)469-4641	동국대 02)2290-1301	목포대 061)450-6095	부경대 051)629-6513,4,5	숭실대 02)820-0085
	안동대 054)820-7380	용인대 031)8020-2728	을지대 031)951-3624	인천대 032)835-8570	전남대 062)530-2550	전북대 063)270-3590	제주대 064)754-8320
	중앙대 010-5631-6478, 010-5683-6478	충남대 042)821-6403	충북대 043)249-1808	한양대(서울) 02)2220-1320	한양대(에리카) 031)400-4164	호서대 041)540-5860	
유소년스포츠지도사 (6)	가톨릭관동대 033)649-7724	경남대 055-249-6380	광주대 062)670-2209	을지대 031)951-3624	중앙대 010-4882-6478, 010-5953-6478	호서대 041)540-5860	
노인스포츠지도사 (8)	가톨릭관동대 033)649-7519	경희대 02)961-9650	대전대 042)280-2910/2924	목포대 061)450-6095	신라대 051)999-5574	연세대 02)2123-6582	이화여자대 02)3277-2556
	호남대 062)940-3709/3617						
1급 장애인스포츠지도사 (1)	국민체육진흥공단 1670-1859						
2급 장애인스포츠지도사 (5)	백석대 041)550-2543	신라대 051)999-5574	용인대 031)8020-2728	원광대 063)850-6095	한국체대 02)410-6662~4		
건강운동관리사 (4)	부경대 051)629-6515	순천향대 041)530-1671	연세대 02)2123-8139	조선대 062)230-7404			

- 스포츠윤리센터 체육지도자 연수과정(3시간) 문의처: 스포츠윤리센터 스포츠윤리 런(1533-2876)
- 체육지도자 홈페이지(https://sqms.kspo.or.kr): 원서접수, 연수등록, 결과발표 등
- 대표 안내전화: 국민체육진흥공단 체육지도자 콜센터 1670-1859

본 시행 계획은 2025년도 연간 추진일정 안내를 위한 공고이며, 응시 자격요건 등 세부사항은
시험 1개월 전 체육지도자 홈페이지에 공고되는 내용을 반드시 확인하시기 바랍니다.

2025년도 체육지도자 자격별 검정 및 연수 일정

필기시험		1급 전문·생활·장애인	2급 전문	2급 생활·장애인, 유소년, 노인	건강운동관리사
1 정기 접수	원서 접수	3.13.(목)~3.17.(월)	3.20.(목)~3.24.(월)	3.27.(목)~3.31.(월)	5.8.(목)~5.12.(월)
	서류 제출	3.13.(목)~3.19.(수)	3.20.(목)~3.26.(수)	제출 불필요	5.8.(목)~5.14.(수)
	응시수수료 납부			3.27.(목)~3.31.(월)	
2 추가 접수	원서 접수	추가접수 없음		4.3.(목)~4.4.(금)	추가접수 없음
	응시수수료 납부				
3. 필기시험		4.26.(토)			6.14.(토)
4. 합격자 발표		5.16.(금)			6.30.(월)

실기구술시험	1급 생활·장애인, 2급 전문·생활·장애인, 유소년, 노인		건강운동관리사
	동계	하계	
1. 원서 접수	1.31.(금) ~ 2.5.(수)	5.28.(수) ~ 6.2.(월)	7.2.(수)~7.7.(월)
2. 서류 제출			7.2.(수)~7.8.(화)
3. 응시수수료 납부			
4. 실기구술시험	2.11.(화) ~ 3.9.(일)	6.5.(목) ~ 7.3.(목)	7.12.(토)~7.13.(일)
5. 합격자 발표	3.12.(수)	7.11.(금)	7.25.(금)

연수운영		1급 전문	1급 장애인	1급 생활	2급 전문·생활·장애인, 유소년, 노인	건강운동관리사
1. 정기 접수 및 납부		7.17.(목) ~ 7.22.(화)				8.1.(금)~8.5.(화)
(추가 접수 및 납부)		7.24.(목) ~ 7.28.(월)				8.7.(목)~8.11.(월)
2 연수	일반강의	8.2.(토) ~ 12.6.(토)			8.2.(토) ~ 10.19.(일)	8.16.(토)~11.23.(일)
	현장실습	9.1.(월) ~ 12.6.(토)				
3. 최종합격자 발표 (자격증 발급)		12.19.(금)			12.5.(금)	12.19.(금)

* 운영 상황 등에 따라 변동 가능
* 필기 추가접수는 정기 접수 후 남은좌석(미납자)에 대해서 시행
* 연수운영 추가 접수는 정기 접수 후 남은 좌석(미납자)에 대해서 시행

59 파크골프

1. 시험 일시 및 장소

o 시험 일시 및 장소

구분	지역	검정일시	장소	연락처	주소
1급 생활	충북	6.19 (목) 08:00~18:00 (접수시간 07:00~07:40)	미호강파크골프장 (A,B코스)	043-268-9988	충북 청주시 흥덕구 미호로99
2급 생활		6.17.~6.19 (화,수,목) 08:00~18:00 (접수시간 07:00~07:40)	미호강파크골프장 (A,B코스)	043-268-9988	충북 청주시 흥덕구 미호로99
유소년		6.19 (목) 08:00~18:00 (접수시간 07:00~07:40)	미호강파크골프장 (A,B코스)	043-268-9988	충북 청주시 흥덕구 미호로99
노인		6.20 (금) 08:00~18:00 (접수시간 07:00~07:40)	미호강파크골프장 (A,B코스)	043-268-9988	충북 청주시 흥덕구 미호로99

* 실기검정 당일 악천후로(안개, 폭우, 낙뢰 등) 및 기타사유로 검정이 어려운 경우 시험검정위원회의 회의를 통해 검정 진행 여부가 결정되며, 미리 천재지변을 예측하여 사전에 응시자에게 통지할 수 없음을 양지하여 주시기 바랍니다. 시험검정위원회에서 악천후로 인한 코스 사용, 응시자 안전사고 등과 같은 위험이 있어 정상적인 실기검정을 진행하지 못한다고 판단될 경우는 당일 검정을 중단하며 **예비일(6월 21일~6월22일)**에 검정을 진행합니다.

* 실기·구술시험 접수는 선착순이며, 조기 마감될 수 있습니다.
  (체육지도자연수원 홈페이지 공고 내 안내 사항)

* 검정운영에 원활한 진행을 위하여 중복 신청 시 검정일시를 다르게 선택하여 신청해 주시기 바랍니다.

* 원활한 자격검정 진행을 위하여 자격검정 기간 동안 "거리측정기" 사용은 불가능합니다.

○ 장소운영 예상 도식도 : 4인 1조 실기시험 조편성
  - 실기시험장

- 구술시험장

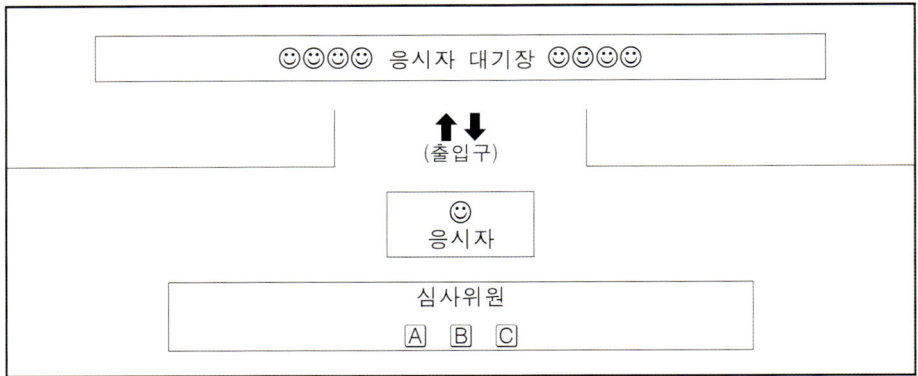

2. 실기검정 소요장비
   - 주관단체 준비사항 : 책상, 의자, 스코어카드, 채점표 등
   - 지원자 준비사항
     ○ 응시서류(수험표) : 체육지도자연수원 홈페이지에서 발급
     ○ 신분증 : 주민등록증, 운전면허증, 여권, 장애인등록증(복지카드),
               공무원증, 국가보훈등록증, 외국인등록증, 모바일 신분증
               체육지도자 자격증(전자증명서 포함)
     ○ 준비물 : 파크골프 클럽 및 공(예비공 포함), 볼마커

1) 정식 발급(출력)된 자격증 또는 정부24 전자문서지갑 서비스 또는 네이버 모바일 자격증 서비스를 통해 발급받은 체육지도자 자격증 전자 증명서로서, 민간 앱(네이버, 카카오, 토스 등)의 전자지갑을 통해 확인 가능한 모바일 전자증명서(자격증)에 한하여 인정(앱 실행단계부터 확인, **캡처 등 사본은 불인정**)
2) 공무원증, 국가보훈등록증, 운전면허증, 주민등록증에 한하여 인정하며, 전자기기 제출 전 앱을 통해 실시간으로 표출되는 모바일 신분증만 인정(**캡처 등 사본은 불인정**). 신원 확인 완료 시 해당 응시자의 수험표에 '신원확인필' 등의 도장을 찍어 이후 신분확인 시 신분증 제시 면제 가능

※ 용구(클럽 및 공)은 대한파크골프협회 경기용구·설치물·파크골프장 공인 및 검정규정 제7조 경기용구 기준에 적합한 용구(클럽 및 공)를 사용한다.

3. 방역 및 안전관리 대책
  o 방역관리
  - 중앙방역대책본부의 『코로나바이러스감염증-19 예방을 위한 시험 방역관리 안내』를 참고하여 각 자격검정기관은 시험의 특성과 사정에 따라 안전대책 수립 및 적용
  o 안전관리
  - (보험가입) 전 종목 주최자 배상책임 보험가입을 통한 사고 대비
  - (의무체계) 지역별 보건소, 병원 등과 연계 대응, 비상 약품 상시 비치
  - (부상자 및 환자 발생 시 대응체계) 해당 기관 이용, 응급처치 등 1차 대응→인근 지정병원 연계 후송→자격검정기관 담당자 연락
  - (사전점검) 시험용구 및 시설물 사전 점검 의무화로 안전사고 예방
  - (안전교육) 응시생 대상 안전사고 예방교육, 사고 시 비상연락체계 안내
  - (보고체계) 검정기관 간 신속한 보고체계 운영
  - <u>수험생 및 자격검정관계자 외 검정장소(실기시험장 및 구술시험장) 출입금지</u>

4. 실기평가 영역
  o 기술분류

평가대상	항목	세부 기술
1·2급 생활스포츠지도사, 유소년·노인지도사	라운드	18개홀 스트로크 플레이

○ 실기평가 영역
- 1급 생활스포츠지도사

영역	내용	평가기준
경기기술 (100)	18홀 라운드 평가	① 18홀 라운드 평가 57타 이하 합격 ② 실기검정위원회가 채택하는 로컬룰 적용 ③ 응시생 4인(3인) 1팀으로, 1팀 18홀 스트로크 플레이

- 2급 생활, 유소년, 노인스포츠지도사

영역	내용	평가기준
경기기술 (100)	18홀 라운드 평가	① 18홀 라운드 평가 60타 이하 합격 ② 실기검정위원회가 채택하는 로컬룰 적용 ③ 응시생 4인(3인) 1팀으로, 1팀 18홀 스트로크 플레이

5. 구술평가 영역

○ 시행방법: 규정 2문제(50점), 지도방법 2문제(50점)
  - 지원자가 영역별로 문제지를 추첨하여 실시
○ 합격기준: 70점 이상(100점 만점)

영역	배점	분야
규정	50점	시설/설치물, 경기규칙, 용구, 용어
지도방법	50점	지도방법, 태도, 질문이해, 표현

* 위 내용은 구술 검정 준비에 도움을 주기 위한 범위이며, 위 내용 외에 더 추가로 범위를 선정하여 검정할 수 있음
* 지도자로서의 표현력, 전달력, 답변태도 등은 규정 및 지도방법에 포함하여 평가

6. 기타 안내사항

○ 시험영상은 시험 모니터링과 안전사고 예방을 위해 녹화하는 것으로 응시자에게 열람하거나 제공하지 않습니다.
○ 시험의 공정성을 훼손하는 사례가 있는 경우 당일 시험이 종료되기 전까지 주관단체에 이의신청을 하여 주시기 바랍니다.

주관단체	연락처	홈페이지	서류제출처
(사)대한파크골프협회	02-2135-7811	www.kpga7330.com	서울특별시 송파구 올림픽로424 올림픽회관 207호

3

전국 파크골프장 현황

[전국 파크골프장 현황]

전국 시·도별 파크골프장의 명칭, 홀 개수, 주소를 수록해놓았습니다. 각 시·도의 파크골프장은 세부 주소의 '가나다 순'에 따라 정렬되어 있습니다.

지역	명 칭	홀	주 소
서울시	강남탄천그린파크골프장	27	서울특별시 강남구 세곡동
	강동파크골프장	9	서울특별시 강동구 천호동 481-6 (한강고수부지, 광진교)
	구로 안양천 18홀 파크골프장	18	서울특별시 구로구 구로동 642 교척교 하단 우측
	구로 안양천 9홀 파크골프장	9	서울특별시 구로구 신도림동 271-84 도림천역 부근
	금천구 한내천파크골프장	18	서울특별시 금천구 가산동 557-2
	동대문구중랑천 파크골프장	18	서울 마포구 상암동 월드컵공원
	서남물재생센터공원파크골프장	9	서울특별시 강서구 양천로 201 서남물재생센터
	안양천파크골프장	18	서울특별시 양천구 안양천로 1138
	양평누리파크골프장	18	서울특별시 영등포구 양화동 4-1
	월드컵파크골프장	18	서울특별시 마포구 하늘공원로 86
	잠실파크골프장	9	서울특별시 송파구 올림픽로 25 잠실종합운동장 내
	중랑천 파크골프장	9	서울특별시 노원구 월계동 230-10 중랑천변
	한강파크골프장	9	서울특별시 영등포구 여의도동 86
경기도	가평파크골프장	36	경기도 가평군 청평면 대성리 388-13
	광주시파크골프장	18	경기도 광주시 경안동 청석공원 내 파크골프장
	구리시파크골프장	9	경기도 구리시 수택동 왕숙천 구리시환경사무소
	군포시파크골프장	9	경기도 군포시 수변공원 내
	나리공원파크골프장	18	경기도 양주시 광사동 나리공원 내
	남양주장애인파크골프장	9	경기도 남양주시 별내동910
	남양주파크골프장	18	경기도 남양주시 다산동739 다산근린공원 앞 왕숙천
	동두천파크골프장	9	경기도 동두천시 동두천로27 송내주공5단지
	동두천파크골프장	18	경기도 동두천시 송내동 696
	동탄제2신도시파크골프장	18	경기도 화성시 동탄면 방교동789
	미사리파크골프장	9	경기도 하남시 미사동608 하남나무고아원

지역	명 칭	홀	주 소
경기도	서종파크골프장	9	경기도 양평군 서종면 문호리 922-4 서종문화체육공원 내
	성남시파크골프장	9	경기도 성남시 분당구 수내동 탄천변
	성저파크골프장	18	경기도 고양시 일산서구 대화동 2325
	수원시파크골프장	9	경기도 수원시 권선구 서수원로577번길 171(서수원칠보체육관)
	시흥시청파크골프장	9	경기도 시흥시 장현동 300 시흥시청 옆
	시흥파크골프장	9	경기도 시흥시 목감동 신도시 내
	안산신길파크골프장	18	경기도 안산시 단원구 신길동1748
	양지파인리조트파크골프장	9	경기도 용인시 처인구 양지면 남평로 112 양지파인리조트
	양촌파크골프장	9	경기도 김포시 양촌읍 학운리 3084-4
	양평장애인파크골프장	18	경기도 양평군 강상면 교평리 419
	양평파크골프장	81	경기도 양평군 강상면 교평리 419
	여주파크골프장	36	경기도 여주시 현암동 616-3
	연천재인폭포오토캠핑장파크골프장	9	경기도 연천군 연천읍 고문리 130-1
	연천파크골프장	36	경기도 연천군 군남면 군남대교옆
	용인파크골프장	9	경기도 용인시 포곡읍 용인애버랜드 옆(체육공원 내)
	운정호수공원파크골프장	9	경기도 파주시 소리천로91
	의정부파크골프장	18	경기도 의정부시 장암동146-10(호장교 밑)
	이천시파크골프장	18	경기도 이천시 안흥동 33번지
	일동파크골프장	18	경기도 포천시 일동면 새낭로 267
	장애인파크골프장	9	경기도 남양주시 진건읍 송능2리(광해군묘)
	장호원파크골프장	18	경기도 이천시 장호원읍 오남리 304-5(청미천 둔치)
	정발파크골프장	9	경기도 고양시 일산동구 마두동819 정발산배수지
	죽전파크골프장	9	경기도 용인시 수지구 죽전동 555-4 죽전체육공원(하수처리장
	중산파크골프장	9	경기도 고양시 일산동구 중산로 217 중산공원
	청심빌리지파크골프장	9	경기도 가평군 설악면 송산리 711 청심빌리지
	파주금강산랜드파크골프장	9	경기도 파주시 월롱면 위전리 89
	파주파크골프장	18	경기도 파주시 교하로 577(심학산배수지입구)
	평택파크골프장	9	경기도 평택시 비전동 1005-1
	포천시파크골프장	36	경기도 포천시 일동면 사직리 913-4
	하남시파크골프장	18	경기도 하남시 미사대로 505 미사경정공원 내
	하남시파크골프장	36	경기도 하남시 미사대로 505
	화정파크골프장	9	경기도 고양시 덕양구 은빛로 77

지역	명 칭	홀	주 소
강원도	간현파크골프장	18	강원특별자치도 원주시 지정면 간현리 1116-36번지
	강릉파크골프장	18	강원특별자치도 강릉시 입암동 572-3
	고성군파크골프장	18	강원특별자치도 고성군 토성면 도원리 115-27
	녹송파크골프장	18	강원특별자치도 정선군 정선읍 봉양리 37-3
	대화 파크골프장	18	강원특별자치도 평창군 대화면 하원동길 25
	동해무릉파크골프장	27	강원특별자치도 동해시 삼화동 34-27
	동해시파크골프장	27	강원특별자치도 동해시 동해대로6314 망상컨벤션센타 옆
	둔내우용파크골프장	9	강원특별자치도 횡성군 둔내면 우용리 395-1
	둔내파크골프장	9	강원특별자치도 횡성군 둔내면 둔방내리 563-3
	문막파크골프장	18	강원특별자치도 원주시 문막면 문막리 1071-17
	봉평 파크골프장	18	강원특별자치도 평창군 봉평면 기운동길 12
	북평파크골프장	18	강원특별자치도 정선군 북평면 북평리 149-1
	삼척시미로파크골프장	9	강원특별자치도 삼척시미로면 강변 고수부지
	속초 경동대 파크골프장	9	강원특별자치도 속초시 도리원길 5
	속초시파크골프장	18	강원특별자치도 속초시 관광로 363번길 92
	양양남대천파크골프장	45	강원특별자치도 양양군 양양읍 송암리 540
	영월파크골프장	9	강원특별자치도 영월군 영월읍 팔괴로 7-15
	용평 파크골프장	9	강원특별자치도 평창군 용평면 갈정지길 55-35
	인제군파크골프장	27	강원특별자치도 인제군 인제읍 남북리 살구미길 27-5
	주문진 신리파크골프장	9	강원특별자치도 강릉시 주문진읍 신리천
	철원군파크골프장	36	강원특별자치도 철원군 갈말읍 군탄리 869
	청일파크골프장	18	강원특별자치도 횡성군 청일면 유평리 613-1
	춘천 서면파크골프장	18	강원특별자치도 춘천시 서면 박서로 800
	춘천 소양강파크골프장	18	강원특별자치도 춘천시 장학리 459-11
	취병파크골프장	18	강원특별자치도 원주시 문막읍 취병리 438-37번지
	태백파크골프장	18	강원특별자치도 태백시 백두대간로 179 태백스포츠파크 내
	태장파크골프장	18	강원특별자치도 원주시 태장동1346-16 둔치
	평창 파크골프장	18	강원특별자치도 평창군 평창읍 제방길 101
	학성파크골프장	18	강원특별자치도 원주시 학성동 36번지
	한반도섬 파크골프장	27	강원특별자치도 양구군 양구읍 파라호로 855번길
	행구수변공원파크골프장	9	강원특별자치도 원주시 행구동 1029번지
	현리근린공원파크골프장	9	강원특별자치도 인제군 기린면 현리 785 근린공원
	홍천강변파크골프장	18	강원특별자치도 홍천군 홍천읍 갈마곡리 267-10
	화천 산천어파크골프장(1구장)	18	강원특별자치도 화천군 하남면 춘화로 3061-17

지역	명 칭	홀	주 소
강원도	화천 산천어파크골프장(2구장)	18	강원특별자치도 화천군 하남면 춘화로 3061-17
	화천 생활체육공원파크골프장	18	강원특별자치도 화천군 하남면 춘화로 3225-56
	횡성파크골프장	18	강원특별자치도 횡성군 횡성읍 앞들동 2로 45-19
세종시	금강파크골프장	36	세종특별자치시 세종동 747-321
	대평파크골프장	9	세종특별자치시 대평동 578-12
	부강파크골프장	16	세종특별자치시 부강면 금호리 82 부강생활체육공원 내
	오가낭파크골프장	9	세종특별자치시 한누리대로 651
	조천파크골프장	9	세종특별자치시 조치원읍 새내 22길(서창천교 옆)
	중앙공원파크골프장	9	세종특별자치시 연기면 세종동 1204
	한솔파크골프장	9	세종특별자치시 가람동 765
인천시	공촌유수지파크골프장	18	인천광역시 서구 첨단서로 130 공촌유수지체육시설
	선학파크골프장	9	인천광역시 연수구 경원대로 526
	영종파크골프장	9	인천광역시 중구 중산동 1878-2
	인천송도파크골프장	18	인천광역시 연수구 송도동 1번지 달빛공원 내
	장수파크골프장	18	인천광역시 남동구 만수동 668
대전시	유등파크골프장	27	대전광역시 서구 만년동 424
	유성구 갑천파크골프장	36	대전광역시 유성구 탑립동 211-2
	올미기파크골프장	18	대전광역시 대덕구 대덕대로1448번길 120 올미기공원 내
	태평-버드내파크골프장	18	대전광역시 중구 태평동 515-2(가장교-태평교)
충청북도	괴산파크골프장	18	충청북도 괴산군 괴산읍 임꺽정로222
	단양 파크골프장	18	충청북도 단양군 단양읍 별곡리 생태공원 내
	대소원 파크골프장	18	충청북도 충주시 대소원면 새터2길 29-15
	수안보온천 파크골프장	27	충청북도 충주시 수안보생활체육공원 내
	오송KTX파크골프장	36	충청북도 청주시 흥덕구 오송읍 오송리 358-3
	음성 금왕파크골프장	18	충청북도 음성군 금왕읍 오산리 산 2-4
	음성 맹동파크골프장	9	충청북도 음성군 맹동면 동성리 6
	음성 생극 파크골프장	18	충청북도 음성군 생극면 신양리 793-2
	제천 청풍호파크골프장	18	충청북도 제천시 금성면 신담길 213
	증평 파크골프장	9	충청북도 증평군 증평읍 환경개선사업소 내
	진천파크골프장	18	충청북도 진천군 진천읍 장관리
	청주 미호강 파크골프장	36	충청북도 청주시 흥덕구 미호로 99
	청주 오송 파크골프장	9	충청북도 청주시 흥덕구 오송읍 생명과학단지 공원 내
	청주 장애인 파크골프장	18	충청북도 청주시 흥덕구 미호로 99
	청주 호미골 파크골프장	9	충청북도 청주시 상당구 용정동 25

지역	명 칭	홀	주 소
충북	충주 단월 파크골프장	18	충청북도 충주시 단월동 635-4
	충주 장애인 파크골프장	9	충청북도 충주시 창현로 1400 (용관동)
	충주호 파크골프장	54	충청북도 충주시 목행동 749-3
충청남도	가야곡파크골프장	9	충청남도 논산시 가야곡면 덕은로 365
	강경파크골프장	27	충청남도 논산시 강경읍 금백로 45
	계룡시파크골프장	36	충청남도 계룡시 신도안면 정장리 6
	곡교천파크골프장	18	충청남도 아산시 권곡동 331-1
	곰나루파크골프장	36	충청남도 공주시 웅진동 722
	금산군파크골프장	36	충청남도 금산군 제원면 수당리 986-1
	논산시(신규)파크골프장	36	충청남도 논산시 성동면 원봉리 718-7
	논산시파크골프장	27	충청남도 논산시 대교동 319-39번지
	당진해나루파크골프장	36	충청남도 당진시 석문면 통정리 1349
	도고파크골프장	9	충청남도 아산시 도고면 신언리 826
	둔포파크골프장	9	충청남도 아산시 둔포면 석곡리 1480
	무한천파크골프장	36	충청남도 예산군 예산읍 주교리 460
	백세파크골프장	36	충청남도 청양군 청양읍 은천동길 16-6 백세공원 내
	보령파크골프구장	18	충청남도 보령시 웅천읍 오천리 534-1
	부여파크골프장	54	충청남도 부여군 부여읍 군수리 268-3
	삽교파크골프구장	9	충청남도 당진시 신평면 삽교호 호수공원 내
	상록파크골프구장	18	충청남도 당진시 송악읍 두곡공단로
	서산나이스파크골프장	18	충청남도 서산시 음암면 바위백이길 12
	서산시파크골프장	36	충청남도 서산시 양대동 753-4
	서천군노인복지관파크골프장	18	충청남도 서천군 종천면 충서로302번길 88-26
	연산파크골프장	9	충청남도 논산시 연산면 표정리 249-2
	이순신파크골프장	36	충청남도 아산시 염치읍 석정리 536-16
	전원파크골프장	18	충청남도 서산시 대산읍 운산리
	천안도솔파크골프장	18	충청남도 천안시 동남구 천안대로 844 도솔광장 내
	천안백석골프장	36	충청남도 천안시 서북구 유봉로
	천안풍세천파크골프장	18	충청남도 천안시 풍세면 풍서천
	천안풍세파크골프장	18	충청남도 천안시 동남구 풍세면 용정리 971 풍세산단 공원
	천안한들파크골프장	18	충청남도 천안시 서북구 음봉로 861-50
	탑정파크골프장	18	충청남도 논산시 부적면 탑정리 475-79
	태안파크골프장	36	충청남도 태안군 태안읍 기업도시로 443
	한진파크골프구장	9	충청남도 당진시 송악읍 신복운로 5
	홍성군파크골프장	18	충청남도 홍성군 홍성읍 충서로1707번길 150

지역	명 칭	홀	주 소
대구시	가창파크골프장	18	대구광역시 달성군 가창면 옥분리 788-1
	강변파크골프장	45	대구광역시 북구 서변동 1506 강변축구장 옆
	강창파크골프장	18	대구광역시 달성군 다사읍 매곡리 91
	고로파크골프장	18	대구광역시 군위군 삼국유사면 석산리 560
	과학관공원 파크골프장	9	대구광역시 달성군 유가읍 상리 916-1
	구지1호근린공원 파크골프장	18	대구광역시 달성군 구지면 내리 840 산업단지1호근린공원
	구지평촌파크골프장	18	대구광역시 달성군 구지면 평촌리 1-10
	군위파크골프장	36	대구광역시 군위군 군위읍 내량길 28-60
	남구파크골프장	9	대구광역시 남구 봉덕동 산128-1
	논공 위천파크골프장	36	대구광역시 달성군 논공읍 위천리 646
	다사파크골프장	36	대구광역시 달성군 다사읍 매곡리 354-1 금호강변 세천교 밑
	달서 강창파크골프장	27	대구광역시 달서구 파호동 401-2
	달성보파크골프장	18	대구광역시 달성군 논공읍 남리 6-5 (달성보 하류)
	동구 봉무동 파크골프장	36	대구광역시 동구 봉무동 1097-5 빗물펌프장(금호강변) 인근
	동구도평파크골프장	9	대구광역시 동구 도동
	무태파크골프장	18	대구광역시 북구 서변동 산격대교 밑
	북구 검단파크골프장	27	대구광역시 북구 검단동 276
	불로파크골프장	27	대구광역시 동구 불로동 866-2
	비산파크골프장A-E	18	대구광역시 서구 비산동 2127(매천대교 밑)
	비산파크골프장C-D	18	대구광역시 서구 비산동 2127(매천대교 밑)
	서재파크골프장	18	대구광역시 달성군 다사읍 다사로 822(방천리 환경자원사업소)
	성서5차산업단지파크골프장	9	대구광역시 달성군 다사읍 세천리 1691
	소보파크골프장	18	대구광역시 군위군 봉황리
	수림지파크골프장	18	대구광역시 달서구 대천동699
	수성파크골프장	27	대구광역시 수성구 고모동 6-2
	수성팔현파크골프장	27	대구광역시 수성구 고모동 20-3 수성패미리파크
	우보파크골프장	9	대구광역시 군위군 미성리
	원오교파크골프장	18	대구광역시 달성군 현풍면 원교리 889-2 원오교
	유가한정파크골프장	18	대구광역시 달성군 유가읍 한정리 596-1 (차천변)
	의흥파크골프장	9	대구광역시 군위군 의흥면 수서리
	진천파크골프장	18	대구광역시 달성군 화원읍 구라리 1400
	하빈파크골프장	27	대구광역시 달성군 하빈면 봉촌리 1200-3
	화원 진천파크골프장	18	대구광역시 화원읍 구라리 1400번지 일원
	효령파크골프장	9	대구광역시 군위군 효령면 장기리 116

지역	명 칭	홀	주 소
울산시	남구 대공원 파크골프장	18	울산광역시 남구 대공원로 94
	남구 태화강 파크골프장	36	울산광역시 남구 신정동 391
	동천 파크골프장	27	울산광역시 중구 남외동 508-1
	쇠평파크골프장	18	울산광역시 동구 남목3동 산153
	울주군 범서 파크골프장	18	울산광역시 울주군 범서읍 천상리 1041-77번지
	울주군 청량 파크골프장	18	울산광역시 울주군 청량읍 덕하리 979-63
	진장 파크골프장	27	울산광역시 북구 진장동 400
경상북도	가산파크골프장	9	경상북도 칠곡군 가산면 송학리 268
	각북파크골프장	18	경상북도 청도군 각북면 낙산1길 산들팬션 앞
	강남파크골프장	36	경상북도 안동시 정상동 779
	건천파크골프장	9	경상북도 경주시 건천읍 천포리 1112번지
	경산파크골프장	18	경상북도 경산시 강변동로 369
	경주파크골프장	18	경상북도 경주시 석장동1169-1
	계평파크골프장	27	경상북도 안동시 계평리 717
	고아파크골프장	36	경상북도 구미시 고아읍 예강리 695-1
	곡강천파크골프장	36	경상북도 포항시 남구 효곡동
	구미파크골프장	54	경상북도 구미시 낙동제방길 200 낙동강체육공원 내
	금성파크골프장	9	경상북도 의성군 금성면 탑운길 99
	금소파크골프장	18	경상북도 안동시 임하면 금소리 생태공원
	금천파크골프장	18	경상북도 청도군 금천면 동곡리 새들보 옆
	김천파크골프장	27	경상북도 김천시 지좌동157-1
	남대천파크골프장	9	경상북도 울진군 평해읍 평해리 538-4
	다산파크골프장	27	경상북도 고령군 다산면 사문나루1길 30
	다인문암파크골프장	18	경상북도 의성군 다인면 삼분2길 259
	단북파크골프장	9	경상북도 의성군 단북면 단북다인로 168
	대가야파크골프장	36	경상북도 고령군 대가야읍 장기리 320-1
	덕산파크골프장	9	경상북도 칠곡군 약목면 덕산리 348-7
	도개파크골프장	36	경상북도 구미시 도개면 궁기리 829-1
	동락파크골프장	36	경상북도 구미시 진평동 880
	매전파크골프장	18	경상북도 청도군 매전면 온장길 123 장연생태공원
	문경파크골프장	45	경상북도 문경시 창리강길45
	벽진면파크골프장	9	경상북도 성주군 벽진면 체육공원
	병곡파크골프장	36	경상북도 영덕군 병곡면 송천리 434-1
	봉화파크골프장	18	경상북도 봉화군 봉화읍 내성리 내성천 둔치

지역	명 칭	홀	주 소
경상북도	북삼파크골프장	18	경상북도 칠곡군 북삼읍 어로리 743-1
	비안파크골프장	18	경상북도 의성군 비안면 이두리 이두교
	사곡파크골프장	9	경상북도 의성군 사곡면 의성사곡로 995-9
	상주파크골프장	36	경상북도 상주시 병성천2길 44
	서의성파크골프장	54	경상북도 의성군 안계면 소보안계로 1907
	석적파크골프장	36	경상북도 칠곡군 석적읍 남율리 403
	선남면파크골프장	18	경상북도 성주군 선남면 관화리 714 체육공원 내
	선산파크골프장	36	경상북도 구미시 선산읍 원리 1057-26
	성주읍파크골프장	9	경상북도 성주군 성주읍 경산리 경산교 일대 (성밖숲 건너편)
	알천파크골프장	18	경상북도 경주시 구황동 883-1
	양포파크구미교육원	18	경상북도 구미시 거양길 280(양호동 607-2)
	어울림파크골프장	18	경상북도 구미시 신평동 구미시산업로193-105
	영덕파크골프장	18	경상북도 영덕군 천전길364-5
	영양군 파크골프장	27	경상북도 영양군 영양읍 삼지리 200 삼지수변공원 내
	영주파크골프장(1구장)	36	경상북도 영주시 가흥동 1382 영주교 밑
	영주파크골프장(2구장)	18	경상북도 영주시 가흥동 46 가흥제1교 밑
	영천조교파크골프장	36	경상북도 영천시 조교동 51-1
	영해파크골프장	9	경상북도 영덕군 영해면 영덕로1582 영해생활체육공원 내
	예천파크골프장	36	경상북도 예천군 예천읍 왕신길 84-9
	오수파크골프장	36	경상북도 영천시 오수5길 75
	옥동파크골프장	18	경상북도 안동시 옥동 1381-15
	왕피천파크골프장	36	경상북도 울진군 근남면 수산리 364-3
	왜관파크골프장	18	경상북도 칠곡군 왜관읍 왜관리 1282
	용상파크골프장	9	경상북도 안동시 용상동 구 안동병원앞
	의성군파크골프장	36	경상북도 의성군 비안면 동부리 162-1
	점곡사촌문화골프장	9	경상북도 의성군 점곡면 점곡길 53
	지곡파크골프장	18	경상북도 포항시 남구 효곡동
	철우파크골프장	9	경상북도 안동시 운흥동 구 안동역내
	청도파크골프장	27	경상북도 청도군 청도읍 사기점길 24
	청송파크골프장	18	경상북도 청송군 청송읍 송생리 784-1
	풍기파크골프장	18	경상북도 영주시 풍기읍 창락리 303-1 남원천변
	하양파크골프장	18	경상북도 경산시 하양읍 동서리172-4
	해평파크골프장	18	경상북도 구미시 해평면 낙산리1095-34
	형산장애인전용파크골프장	18	경상북도 포항시 남구 형산강북로 371
	형산파크골프장	36	경상북도 포항시 남구 해도동 119-1 형산강변체육공원 내

지역	명 칭	홀	주 소
부산시	강변파크골프장	9	부산광역시 사하구 을숙도대로 466
	기장파크골프장	6	부산광역시 기장군 정관읍 모전리 677 물빛공원 내
	대저생태공원파크골프장	54	부산광역시 강서구 대저1동 1-5 대저생태공원 내
	범밤파크골프장	18	부산광역시 강서구 범방동 1998
	사암파크골프장	18	부산광역시 강서구 신호공단
	삼락18파크골프장	18	부산광역시 사상구 삼락동 658-2
	삼락9&9파크골프장	18	부산광역시 사상구 삼락동 658-1
	삼락다이나믹파크골프장	36	부산광역시 사상구 삼락동 29-42
	신호파크골프장	9	부산광역시 강서구 신호산단로 72번길 46
	오륜파크골프장	9	부산광역시 금정구 오륜동 657-2
	화명파크골프장	54	부산광역시 북구 화명동 1718-14 화명생태공원 내
경상남도	가곡파크골프장	18	경상남도 밀양시 가곡동 743-2
	가산수변공원 파크골프장	36	경상남도 양산시 동면 가산리807
	가조파크골프장	9	경상남도 거창군 가조면 일부리 1121-1
	가포체육공원 파크골프장	9	경상남도 창원시 마산합포구 가포신항남로 37
	강변파크골프장	9	경상남도 거창군 거창읍 대평리 강변
	거제파크골프장	27	경상남도 거제시 거제면 스포츠파크 내
	거창군 파크골프장	36	경상남도 거창군 거창읍 심소정길 39-36
	거창파크골프장(제4구장)	9	경상남도 거창군 거창읍 심소정길 강변
	고전파크골프장	18	경상남도 하동군 고전면 전도리 882-3
	광석골파크골프장	6	경상남도 창원시 진해구 장천동 765번지
	군북파크골프장	36	경상남도 함안군 군북면 함안산단7길 70
	금서파크골프장	9	경상남도 산청군 금서면 동의보감로 645
	남해스포츠 파크골프장	18	경상남도 남해군 서면 스포츠파크길 15 남해스포츠파크 내
	단성(묵곡) 파크골프장	18	경상남도 산청군 단성면 성철로 93번길(겁외사 옆)
	대산파크골프장	90	경상남도 창원시 의창구 대산면 북부리 195-3
	대원레포츠공원 파크골프장	9	경상남도 창원시 의창구 두대로 46 (대상공원 내)
	도천파크골프장	18	경상남도 창녕군 도천면 도천리 770
	동부5개면파크골프장	18	경상남도 진주시 사봉면 사군로 583
	동부권파크골프장	18	경상남도 적중면 상부리 242
	마전비치파크골프장	18	경상남도 창원시 마산합포구 구산면 해양관광로 722-69
	무안파크골프장	9	경상남도 밀양시 무안면 신법리 262-2
	밀양파크골프장	45	경상남도 밀양시 삼문동 631번지
	봉산파크골프장	9	경상남도 합천군 봉산면 서부로 4344-11

지역	명 칭	홀	주 소
경상남도	북면 장애인 파크골프장	18	경상남도 창원시 의창구 북면 외산리 42-2
	북부권파크골프장	18	경상남도 합천군 야로면 월광리 388-1
	산청(모고)파크골프장	9	경상남도 산청군 산청읍 모고리
	삼랑진파크골프장	9	경상남도 밀양시 삼랑진읍 송지리 456-6
	삼신교통부지 파크골프장	9	경상남도 양산시 삼신교통부지
	생비량파크골프장	9	경상남도 산청군 생비량면 가계리 939-2 생활체육공원 내
	송백지구 파크골프장	36	경상남도 진주시 금산면 송백리 663
	송정파크골프장	9	경상남도 산청군 생초면 어서리
	술뫼파크골프장	72	경상남도 김해시 한림면 시산리 495-2
	시천(덕산)파크골프장	18	경상남도 산청군 시천면 사리 900-48
	신안파크골프장	18	경상남도 산청군 신안면 중촌갈전로 228-35
	쌍백파크골프장	9	경상남도 합천군 쌍백면 중앙로 63
	오부파크골프장	9	경상남도 산청군 오부면 오잔리
	용원동 파크골프장	18	경상남도 창원시 용원동 1347-7
	용주파크골프장	18	경상남도 합천군 용주면 성산리 1085-1
	우주항공파크골프장	9	경상남도 사천시 정동면 예수리 420
	웅상파크골프장	18	경상남도 양산시 웅상읍 소주동 소남교 둔치
	원동 가야진사 파크골프장	9	경상남도 양산시 원동면 용당들길 43-62
	유어파크골프장	18	경상남도 창녕군 유어면 미구리 588
	율곡파크골프장	18	경상남도 합천군 율곡면 영전리 786-1
	이방파크골프장	15	경상남도 창녕군 이방면 장천리 950
	장천파크골프장	18	경상남도 창원시 진해구 진해대로1099번길 149 생태숲가는 길중간지점
	정촌파크골프장	9	경상남도 진주시 정촌면
	조만강 장애인 파크골프장	18	경상남도 김해시 장유면 칠산로 127-25
	조만강파크골프장	18	경상남도 김해시 장유면 칠산로 127-25
	지수면 파크골프장	6	경상남도 진주시 지수면
	진주종합경기장파크골프장	9	경상남도 진주시 동진로 415 진주종합경기장내
	차황파크골프장	9	경상남도 산청군 차황면 친환경로 3581
	칠서강나루파크골프장	12	경상남도 함안군 칠서면 이룡리 998
	칠암파크골프장	9	경상남도 진주시 칠암동 남강둔치
	평거지구 파크골프장	18	경상남도 진주시 평거동
	풍호공원 파크골프장	9	경상남도 창원시 진해구 풍호동 26-1
	하남파크골프장	9	경상남도 밀양시 하남읍 수산리 418-5
	하대지구 파크골프장	9	경상남도 진주시 하대동

지역	명 칭	홀	주 소
경상남도	하동군파크골프장	36	경상남도 하동군 진교면 구 고속도로 934
	함안여항산파크골프장	18	경상남도 함안군 함안면 샛담길 35-15
	함안파크골프장	18	경상남도 함안군 법수면 법정로 200-39
	함양파크골프장	18	경상남도 함양군 함양읍 하림강변길 131 하림공원 내
	합천군파크골프장	36	경상남도 합천군 합천읍 합천리 20-2
	호계리 파크골프장	18	경상남도 창원시 마산회원구 내서읍 호계 본동로 59-1
	황산공원 파크골프장	36	경상남도 양산시 물금읍 증산리 967-1
	횡천파크골프장	18	경상남도 하동군 횡천면 횡천리 639-3
광주시	광산구 서봉파크골프장	36	광주광역시 광산구 서봉동 205-6
	대상파크골프장	18	광주광역시 북구 월출동 968
	덕흥파크골프장	9	광주광역시 서구 덕흥동 157
	무등산파크골프장	9	광주광역시 동구 남문로 418-13
	북구파크골프장	18	광주광역시 북구 연제동 730번지(북구종합운동장내)
	승촌파크골프장	36	광주광역시 남구 승촌동 588-47번지 일원(승촌공원 내)
	염주파크골프장	9	광주광역시 서구 금화로 278
	첨단체육공원 파크골프장	9	광주광역시 광산구 쌍암동 695-3 첨단생활체육공원 내
	효령파크골프장	9	광주광역시 북구 하서로 950
전라북도	고산파크골프장	18	전북특별자치도 완주군 고산면 읍내리 902 고산체육공원 내
	고창파크골프장	18	전북특별자치도 고창군 고창읍 월암리 407-2 (고창스포츠타운내)
	군산파크골프장	18	전북특별자치도 군산시 수송동로 58
	남원파크골프장	18	전북특별자치도 남원시 춘향골 체육공원 내
	둔산파크골프장	18	전북특별자치도 완주군 봉동읍 둔산리 881
	마전교파크골프장	18	전북특별자치도 전주시 완산구 서신동 738-7
	무주파크골프장	6	전북특별자치도 무주군 설천면 상평지길 20 무주복지공원 내
	부귀파크골프장	18	전북특별자치도 진안군 부귀면 귀상로 652-41
	비봉파크골프장	18	전북특별자치도 완주군 비봉면 소농리454 비봉면체육공원 내
	비비정파크골프장	18	전북특별자치도 완주군 삼례읍 후정리142-1 비비정공원 내
	상관파크골프장	18	전북특별자치도 완주군 상관면 신리 916
	생강골파크골프장	36	전북특별자치도 완주군 봉동읍 낙평리 795
	순창군파크골프장	18	전북특별자치도 순창군 유등면 왜이리 555-2
	신태인파크골프장	36	전북특별자치도 정읍시 신태인읍 신용리 881
	어울림파크골프장	18	전북특별자치도 익산시 함영읍 칠복리 북부권
	온고을파크골프장	18	전북특별자치도 전주시 덕진구 화전동 969-6 만경강하천
	이서파크골프장	27	전북특별자치도 완주군 이서면 용서리 777-2 지사울공원

지역	명 칭	홀	주 소
전북	진안파크골프장	18	전북특별자치도 진안군 진안읍 운산리 76
	청하파크골프장	18	전북특별자치도 김제시 청하면 강변로151 근처
전라남도	고금파크골프장	9	전라남도 완도군 고금면 농산리 759-1
	곡성동악파크골프장	18	전라남도 곡성군 죽동리 체육공원 내
	광양시파크골프장	18	전라남도 광양시 강변동길 216
	구례군파크골프장	9	전라남도 구례군 서시천로 106
	남악파크골프장	18	전라남도 무안군 삼향읍 남악리 2597
	남해파크골프장	9	전라남도 목포시 연산동 864
	담양제1파크골프장	36	전라남도 담양군 담양읍 양각샛길 207
	담양제2파크골프장	18	전라남도 담양군 담양읍 양각리 348
	무안파크골프장	18	전라남도 무안군 무안읍 성동리 1086-3
	보성미니파크골프장	9	전라남도 보성군 보성읍 용문길 36-16
	복내파크골프장	18	전라남도 보성군 복내리 536-16
	부주산국제파크골프장	27	전라남도 목포시 부주로 159
	북항파크골프장	9	전라남도 목포시 북항 하수종말처리장
	불갑파크골프장	18	전라남도 영광군 불갑면 방마리
	삼학도파크골프장	9	전라남도 목포시 산정동 삼하도
	삼호대불파크골프장	36	전라남도 영암군 삼호읍 종합공원길 11
	상동파크골프장	9	전라남도 목포시 상동 연동건널목 석현동 산거리
	서면파크골프장	9	전라남도 순천시 서면 강청리 828
	서해파크골프장	9	전라남도 목포시 연산동
	송월동파크골프장	9	전라남도 나주시 성북동 100
	시종마한파크골프장	18	전라남도 영암군 시종면 남해당로 65
	실내체육관파크골프장	9	전라남도 목포시 상동 349-1
	영산포체육공원파크골프장	18	전라남도 나주시 삼영동 131-1
	영암파크골프장	18	전라남도 영암군 영암읍 영운재로 272
	오곡파크골프장	9	전라남도 곡성군 오곡천변내
	운림삼별초파크골프장	18	전라남도 진도군 의신면 사천길 15-21
	장성군 A파크골프장	9	전라남도 장성군 황룡면 월평리 590-1
	장성군 B파크골프장	9	전라남도 장성군 황룡면 신호리 53-1
	장흥파크골프장	9	전라남도 장흥군 관산읍 옥당리 535-16
	한빛원자력파크골프장	36	전라남도 영광군 홍농읍 성산리 494
	함평군파크골프장	36	전라남도 함평군 함평읍 곤재로 83
	해남파크골프장	18	전라남도 해남군 삼산면 봉학리 154-7

지역	명 칭	홀	주 소
전남	혁신도시파크골프장	9	전라남도 나주시 빛가람동 4-346
	산이파크골프장	18	전라남도 해남군 산이면 초두길 10-14
	상사파크골프장	13	전라남도 순천시 상사면 응령리 678-7
제주시	강창학파크골프장	18	제주특별자치도 서귀포시 강정동 1353
	남원파크골프장	18	제주특별자치도 서귀포시 남원읍 수망리 산 158-1
	렛츠런파크골프장	18	제주특별자치도 제주시 애월읍 유수암리 1206
	월라봉파크골프장	9	제주특별자치도 서귀포시 신효동 1188-5
	칠십리파크골프장	18	제주특별자치도 서귀포시 서홍동 663-2
	회천파크골프장	18	제주특별자치도 제주시 와흘전1길 32 제주시생활체육공원 내

4

대한파크골프협회 경기규칙 개정 내용

경기규칙 주요 개정 내용 (2024. 02. 05.)

순번	조항	이전	변경	비고
1	제7조 "스트로크 경기 총칙" 4의 가항	나. 예비 홀컵위에 공이 놓여있을 경우는 공을 클럽헤드 2개 길이만큼 그리고 수리지, 배수구, 스프링 쿨러에서는 페어웨이 좌·우측 방향으로 홀컵에 가깝지 않게 2클럽 이내로 이동하여 공을 놓는다.	가. 예비 홀컵 위 또는 걸쳐 있는 경우의 공은 클럽헤드 2개 길이만큼 그리고 캐주얼 워터, 수리지, 배수구, 스프링 쿨러에서는 페어웨이 좌·우측 가까운 방향으로 처치할 경계선에서 홀컵에 가깝지 않게 2클럽 이내로 이동하여 공을 놓는다.	수정
2	제12조 "경기자의 책임" 2의 가항	가. 경기자는 홀아웃시마다 조원끼리 타수를 확인하고 자신의 스코어 카드에는 동반자 전원의 타수를 기록한다. 만약, 진행요원이 있는 경우는 진행요원이 경기자 모두의 타수를 스코어 카드에 기록하며, 아래, 경기자는 홀마다 자신의 타수를 확인하여야 한다.	가. 경기자는 홀아웃시마다 조원끼리 타수를 확인하고 자신의 스코어 카드에는 동반자 전원의 타수를 기록한다. 만약, 심판(홀 진행요원)이 있는 경우는 경기자 모두의 타수를 기록하며, 경기자는 홀마다 자신의 타수를 확인하여야 한다. 단, 전자기기(PAD, LED전광판 등)를 사용하는 대회에서는 타수 기록, 관리하는 방법을 달리할 수 있다.	수정 / 추가
3	제12조 "경기자의 책임" 3의 나항	나. 대회위원(회)가 경기 속도에 대한 가이드라인을 정해준 경우는 그에 따라 경기를 하지만, 앞 조와의 간격이 2개홀 이상 뒤처진 경우에는 조원 모두에게 2벌타를 부여한다.	나. 경기자는 앞 조와의 간격이 2개 홀 이상 뒤처지지 않도록 해야 하는데 발생 시 사유에 따라 대회본부에서 해당 조원 모두에게 2벌타를 부여한다.	수정
4	제14조 "경기 순서" 3항		3. 개인전 또는 단체전 팀간 샷 하는 순서를 지키지 않은 경우에는 에티켓 위반으로 무벌타 처리한다. 단, 단체전 중 일반 포섬(팀별로 공 1개씩 경기)은 시작하는 홀의 티 샷부터 경기가 종료할 때까지 위반시 해당 팀에게 2벌타씩을 부여하며, 베스트 볼을 적용하는 포섬(팀별로 공 2개씩 경기)은 홀마다 모두 티 샷하고서 선택한 공으로 세컨드 샷부터 홀아웃할 때까지 위반시 해당 팀에게 2벌타씩을 부여한다.	추가

5	제15-2조 "티 마커"	1. 티잉 그라운드에 설치되어 있는 티 마커는 고정설치물이다. 경기자는 자신의 스탠스 또는 의도하는 스윙의 방해가 되므로 티 마커를 옮기거나 동반자에게 이동을 요구하는 것은 안 되며, 이를 위반시에는 2벌타를 부여한다.	"불필요 삭제"	삭제
6	제16조 "공은 있는 그대로의 상태에서 경기" 3항	3. 클럽헤드는 지면에 닿을 수 있으나 지면을 누를 수 없다.	3. 클럽헤드는 어드레스하는 경우에만 공 뒤쪽 지면에 닿을 수 있다. 이때, 목표 방향쪽으로 표시물을 놓거나 클럽헤드가 지면에 닿아서는 안 된다.	수정 추가
7	제16조 "공은 있는 그대로의 상태에서 경기" 4항	4. 경기자는 스탠스를 취하는 경우 양발을 지면에 두면서 임의로 스탠스 장소를 만들어서는 안 된다.	4. 경기자는 스탠스를 취하는 경우 양발을 지면에 두면서 임의로 스탠스 장소를 만들어서는 안 된다. 단, 벙커에서는 예외로 한다.	추가
8	제18조 "뒤바뀐 공, 교체한 공" 3항	3. 경기자가 9개홀 내에서 공을 교체할 경우 2벌타를 부여하며, 교체한 공은 경기 중인 공이 된다. 다만, 다른 공으로 교체하는 것이 허용되는 경우는 제외한다.	3. 경기자가 1개의 코스 내에서 공의 교체를 원할 경우 다음 코스 1번 홀에서만 가능하다. 이를 위반시는 2벌타를 부여한다. 다만, 다른 공으로 교체하는 것이 허용되는 경우는 예외로 한다.	수정
9	제19-1조 "그린 위의 공" 1항	1. 그린 위의 공이 홀컵에서 2클럽 이내인 경우 경기자는 동반자에게 통보하고 마크하거나 먼저 컵인 또는 그대로 둘 수가 있다. 이때, 먼저 컵인을 하게 될 경우에는 동반자에게 알리고 홀아웃을 한다.	1. 그린 위의 공이 홀컵에서 2클럽 이내인 경우 경기자는 동반자에게 통보하고 우선해서 마크하거나 컵인을 실시하며, 필요시 그대로 둘 수가 있다.	수정

10	제20-1조 "정지된 공이 움직인 경우" 5항	5. 정지되어 있는 동반자의 공이 경기자의 공에 의해 움직인 경우에는 누구에게도 벌타는 없고 경기자의 공은 정지된 지점에서, 동반자의 공은 추정되는 원래 지점으로 원 위치하여 경기를 하여야 한다.	5. 정지되어 있는 동반자의 공이 경기자의 공에 의해 움직인 경우에는 누구에게도 벌타는 없고 경기자의 공은 정지된 지점에서 동반자의 공은 추정되는 원래 지점으로 경기자가 원 위치를 해야 하는데, 필요시 다른 동반자가 해주어 다음 경기를 하여야 한다.	수정
11	제20-2조 "움직이고 있는 공이 방향을 변경하거나 정지된 경우" 1항	1. 움직이고 있는 공이 국외자 또는 동반자에 의해 방향을 변경하거나 정지하였을 경우는 벌타는 없으며, 그 공은 최종 정지된 지점에서 경기를 하여야 한다.	1. 움직이고 있는 공이 국외자 또는 동반자에 의해 방향을 변경하거나 정지하였을 경우는 벌타는 없으며, 그 공은 최종 정지된 지점에서 경기를 하여야 한다. 이때, 동반자가 고의적으로 경기자의 공을 멈추게 하거나 움직인 경우는 동반자에게 벌타를 부여한다.	추가
12	제21-1조 "공을 집어 올림" 2항	2. 마크를 요구 받았을 경우는 홀컵을 바라보고 볼 마커를 공 뒤에 놓고 공을 집어 올려야 한다. 이때, 마크를 하는 중에 공을 건드려서 움직이면 벌타 없이 공을 원위치한다.	2. 마크를 요구 받았을 경우는 홀컵을 바라보고 볼 마커를 공 뒤에 놓고 공을 집어 올려야 한다. 이때, 마크를 하는 중에 공을 건드려서 움직이면 벌타 없이 공을 원위치하며, 필요시 다른 동반자가 마크를 해줄 수 있다.	추가
13	제23조 "분실 또는 OB의 공" 3항	3. OB판정은 공이 놓인 지점에서 공의 수직 상방에서 내려다보아 OB라인 또는 2개의 OB 말뚝 연장선에서 벗어난 경우에 OB로 판정한다. OB 경계선 근처에서 OB여부의 판정은 경기자 본인이 먼저 판단하고 동반자의 확인을 받아야 하며, 이때, 동반자중 1명이라도 OB로 판정하면 OB로 처리한다. 만약, 동반자의 확인을 받지 않고 임의로 경기를 하였을 경우는 OB로 간주하며, OB처치 방법 위반의 2벌타를 추가로 부여한다.	3. OB판정은 공이 놓인 지점에서 공의 수직 상방에서 내려보아서 OB라인 또는 2개의 OB 말뚝 외측 연장선에서 벗어난 경우에 OB로 판정한다. 특히, OB 경계선 근처에서 OB여부의 판정은 경기자 본인이 먼저 판단하고 동반자 모두의 확인을 받아야 하며, 이때, 의견이 다른 경우에 심판의 판정에 따른다. 만약, 동반자의 확인을 받지 않고 임의로 경기를 하였을 경우는 OB로 간주하며, 그 위치가 경계선 밖이라고 확인되면 OB처치 방법 위반의 2벌타를 추가로 부여한다.	수정

14	제23조 "분실 또는 OB의 공" 4항	4. 그린주변에 OB라인이 설치된 경우는 정지한 공의 수직 상방에서 내려다보아 경계선에서 벗어났을 시 OB로 판정한다.	4. 그린주변에 OB 라인과 OB 말뚝이 동시에 설치된 경우는 OB 라인을 우선하여 정지한 공의 수직 상방에서 내려다보아 경계선에서 벗어났을 시 OB로 판정한다.	수정
15	제23조 "분실 또는 OB의 공" 7항		7. 도그레그 홀에서 적색 OB말뚝을 설치한 경우 말뚝 안쪽인 페어웨이로 샷을 하여야 한다.	추가
16	제25조 "대회위원회 운영"	제25조 대회 위원회의 운영 1. 위원회는 경기 실시에 관해 다음과 같이 필요한 조건을 제정한다. 가. 위원회는 코스 정비 및 OB 구역, 수리지의 경계 등을 명확히 표시하고 모든 설치물의 상태를 확인한다.	제25조 대회본부 운영 대회본부는 경기 실시에 관해 필요한 인원으로 구성하여 다음과 같은 사항을 조치한다. 1. 대회 준비 및 진행 가. 코스 정비 및 OB 구역, 수리지의 경계 등을 명확히 표시하고 모든 설치물의 상태를 확인한다.	수정 (명칭)

[출처 : 대한파크골프협회]

MEMO

편집 후기

　초등학교 3학년쯤이었을까요, 보조 바퀴를 떼고서 처음으로 타보는 두발자전거가 어찌나 무서웠던지. 그러나 지나고 보면 넘어지고 부딪히면서 극복하며 배울 수 있는 것보다 값진 경험이 이세상 어디에 있을까요.
　수십번을 반복하고 유투브나 TV를 매일같이 보아도 늘 어렵고 한계에 부딪히는 것이 골프지요, 파크골프 또한 일반 골프에 비해서는 난이도가 낮다고 하지만 해가 거듭되고 발전되어 갈수록 그 심도가 깊어질 것이라고 생각합니다.

　평소에 저의 아버지는, 그러니까 이 책의 저자 정철호 박사님께서는 이해가 쉬우면서 적용가능한 방법으로 교육하고 또한 학습하는 데에 통달하신 분이었습니다. 이번 '쉽게 배우는 파크골프' 교재 또한 이와 같은 맥락으로 정말이지 독자들로 하여금 쉽게 배우고 바로 적용가능한 방식으로 제작되기를 바라셨습니다. 이야기를 하는 방식으로 풀어서 설명하는 기술 방법을 사용하고 또한 정확한 자세와 모양(그립 등)을 요구하는 부분에서는 직접 필드에서 촬영한 사진을 첨부하여 독자들에게 한걸음 더 다가갔습니다.

교재 제 3부에서의 상황별로 볼을 처리하는 방법에 대한 설명은 편집자로 하여금 수많은 시간과 골머리를 앓게 하였습니다 하하... 수십가지에 달하는 상황을 말로서만 전달받고, 그것을 그림으로 표현하며 한 장의 그림속에 어떤 대사가 포함되어야 독자들의 이해에 도움이 될 지 정말이지 몇달 동안이나 다듬고 빚은 저의 보물이라고 자부합니다. 꼭 이 교재가 독자 여러분의파크골프에 대한 이해를 돕고 한계를 극복할 수 있는 지침서가 될 수 있기를 희망합니다.

마지막으로 제1판에 이어 제2판의 출간을 진심으로 축하드리며, 편집전문자가 아닌 저의 부족한 실력에도 불구하고 편집의 과정을 맡겨주시어 '책을 만든다'라는 값진 경험을 선물해주신 아버지, 정철호 박사님께 감사드리며 편집후기를 마무리합니다. 감사합니다.

2025년 10월
중증장애인거주시설 아름다운학원장
정재윤

[제 2 판]
쉽게 배우는 파크골프 이론과 실기

2023년 3월 1일 초판 발행

글쓴이 정철호 / 경북대학교 공학박사
편집자 정재윤 / 장애인거주시설 아름다운학원장
감수자 소효영 / 남양주파크골프 스포츠클럽 회장

발 행 탑파크골프
전 화 055)609-8898
팩 스 055)271-8835
ISBN 979-11-982271-0-2

교육용PPT QR코드